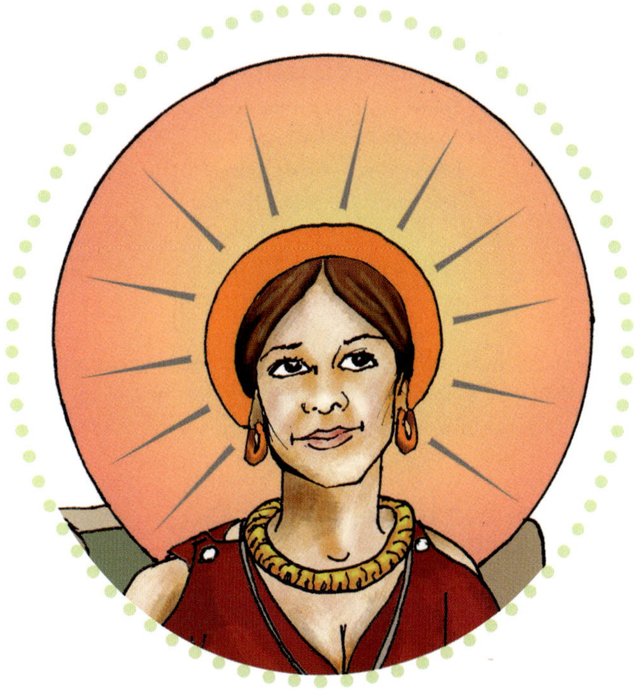

D1747644

TARİH CANAVARI

HİTİTLER

Çiğdem Maner

© 2009, Türkiye İş Bankası Kültür Yayınları
Sertifika No: 11213

ISBN: 978-9944-88-587-4
Genel yayın numarası:1667

Editör: Nevin Avan Özdemir
Resimleyen: Fahrettin Erdoğan

1. Baskı: Kasım 2008
2. Baskı: Ekim 2011

Bu kitabın hiçbir bölümü, yayıncının yazılı izni alınmaksızın
herhangi bir elektronik ya da mekanik yöntem kullanılarak
kopyalanamaz veya yayınlanamaz.

Baskı
G. M. Matbaacılık ve Tic. A.Ş.
100 Yıl Mah. Mas-Sit 1.Cad. No: 88
Bağcılar - İstanbul
Tel: (0212) 629 00 24
Sertifika No: 12358

Türkiye İş Bankası Kültür Yayınları
İstiklal Caddesi, Meşelik Sokak No: 2/4 Beyoğlu 34433 İstanbul
Tel: (0212) 252 39 91 - Fax: (0212) 252 39 95
www.iskultur.com.tr

Çiğdem Maner

Çiğdem Maner 1971'de Berlin'de dünyaya geldi. 11 yaşında İtalya'da antik Pompei kentini görünce arkeolog olmaya karar verdi. İstanbul Alman Lisesi'nden mezun olduktan sonra Almanya'nın çeşitli üniversitelerinde Ön Asya Arkeolojisi, Klasik Arkeoloji ve Asuroloji okudu. Yazar 1992'den beri Türkiye'de, Suriye'de, Yunanistan'da ve Almanya'da çeşitli kazılara ve yüzey araştırmalarına katılmaktadır. 2005'ten beri Koç Üniversitesi'nde öğretim görevlisi olarak çalışmaktadır. Çocukların Türkiye'nin kültürel mirasını tanımalarını ve ona sahip çıkmalarını amaçlamaktadır.

TARİH CANAVARI
HİTİTLER

ÇİĞDEM MANER

Resimleyen: Fahrettin Erdoğan

TÜRKİYE İŞ BANKASI
Kültür Yayınları

İçindekiler

- 6 HİTİTLERDEN ÖNCE ANADOLU'DA KİMLER YAŞARDI?
- 8 KARUM KANEŞ VE KARUM HATTUŞ
- 9 HİTİTLER
- 10 ZAMAN CETVELİ
- 11 KUŞŞARALI ANİTTA
- 12 ESKİ HİTİT DÖNEMİ
- 13 İMPARATORLUĞA DOĞRU: ORTA HİTİT DÖNEMİ
- 13 İMPARATORLUK DÖNEMİ VE ÇÖKÜŞ
- 14 HİTİT KRALLARI SOYAĞACI
- 16 GEÇ HİTİT DÖNEMİ
- 17 HİTİTLERİN ORTADAN KAYBOLUŞU
- 18 HİTİTLERİN YENİDEN KEŞFEDİLMESİ
- 20 HİTİT KENTLERİNDE KAZILAR
- 21 RESTORASYON NEDİR?
- 22 KENTLER
- 23 HİTİT KENTLERİ
- 24 BAŞKENT: HATTUŞA (BOĞAZKALE)
- 30 YAZILIKAYA
- 31 ALACAHÖYÜK
- 32 ORTAKÖY, MAŞATHÖYÜK, KUŞAKLIHÖYÜK
- 33 İNANDIKTEPE, HÜSEYİNDEDE
- 34 GEÇ HİTİT DÖNEMİ KRALLIKLARI
- 37 DÜNDEN BUGÜNE HİTİTLER
- 38 İLK BARAJLAR
- 39 TANRILAR
- 42 TAPINAK
- 43 EĞLENCE VE MÜZİK
- 44 BAYRAMLAR
- 46 HİTİTÇE, LUVİCE
- 47 HİTİTÇENİN ÇÖZÜLMESİ, KÜTÜPHANELER VE TABLET ARŞİVLERİ
- 48 ULLİKUMMİ'NİN ŞARKISI
- 50 TANRI TELİPİNU'NUN EFSANESİ
- 52 HİTİTLERDE EKONOMİK SİSTEM
- 53 HİTİTLER DÖNEMİNDE HAYVAN VE BİTKİ ALEMİ
- 54 HİTİT MUTFAĞI
- 55 ÇANAK ÇÖMLEK
- 56 TİCARET
- 58 SUALTI ARKEOLOJİSİ
- 60 MESLEKLER
- 64 YAPI TEKNİKLERİ
- 66 DÖKÜM
- 67 TAŞ USTALARI
- 70 KUYUMCULUK
- 72 GÜNÜMÜZE KALANLAR
- 76 HİTİT KABARTMA SANATI
- 78 HİTİT TOPLUMU
- 82 HUKUK VE KANUNLAR
- 84 HİTİT ORDUSU
- 88 HİTİT ESERLERİNİ NEREDE GÖREBİLİRİM?
- 92 TARİHİ ESERLERİ KORUMAK
- 94 MİNİ SÖZLÜK

Kitabı okumadan önce...

Türkiye bir açık hava müzesi niteliğindedir. Türkiye'nin hangi şehrine, ilçesine, köyüne, beldesine veya mezrasına gitseniz, mutlaka tarihi bir yapı veya harabeye rastlarsınız. Dünyada böyle bir mirasa sahip ülke sayısı çok azdır. Yaşadığımız topraklar binlerce yıldan beri farklı farklı kültürlere, medeniyetlere ve imparatorluklara ev sahipliği yapmıştır. Hepimizin görevi bu mirasın değerini bilmek ve bu kültürel mirası korumaktır. Korumak için burada yaşamış medeniyetlerin tarihini, anıtlarını ve sanatını çok iyi bilmek gerekir. Korumak demek, bu konularda bol bol kitap okumak ve tarih bilmek demektir. Korumak demek, eserlere ve tarihe sahip çıkmak ve bunlara zarar vermek isteyenleri uyarmak demektir. Korumak demek yaşadığımız Türkiye'nin kültür mirasına sahip çıkmak demektir.

Türkiye'de oluşmuş ve yaşamış en önemli imparatorluklardan biri Hitit İmparatorluğu'dur. Dünya tarihinin en önemli medeniyetlerinden biri olan Hititler ya da Etiler gündelik hayatımızı tahmin ettiğinizden daha fazla etkilemektedir! Ankaralı herkes Sıhhiye'deki Hitit Güneşi adlı ünlü heykeli bilir; Kızılırmak kavisi içinde bulunan kentlerde yaşayanlar, İç ve Güneydoğu Anadolu'nun kentlerinde ve köylerinde oturanlar Hitit kültürü ve kültürel mirası ile iç içe yaşarlar. Hititlerin sanatından bildiğimiz kağnılar, kısa bir zaman öncesine kadar Anadolu'da hala kullanılmaktaydı. Hitit kentleri, anıtları, kaya kabartmaları, eserleri Türkiye'nin sahip olduğu en değerli kültür miraslarındandır.

Anadolu'da yaşamış en önemli medeniyetlerden biri olan Hititler, 19. yüzyıla kadar akıllardan silinmişlerdi. 19. yüzyılda Hititlerin başkentinin Boğazköy'de keşfi, Hititçenin deşifre edilmesi ve Hitit kentlerinde yapılan kazılarla beraber bu medeniyet tekrar doğmuş ve tüm sanatı, mimarisi, dini ve metinleri ile karşımıza çıkmıştır. Türkiye'nin birçok kentinde Hititlere ait eserler sergilenmektedir. Özellikle son senelerde Hitit kentlerinin kazılmasına önem verilmiş ve birçok yeni yerleşim ve Hititlere ait eserler meydana çıkarılmıştır.

Çiğdem Maner

I.Bölüm

TARİH

Tunçtan yapılmış ve 34 santim yüksekliğinde olan bu sancak dini törenlerde kullanılmıştır. Sağında ve solunda bulunan iki boynuzun gökyüzünü taşıdığı düşünülmektedir. Tepesindeki üç tane kuş ve onların etrafındaki tomurcuklar doğaya olan saygıyı ve bağlılığı simgeler. M.Ö. 3. binin ikinci yarısına tarihlenen sancak Alacahöyük'te bulunmuştur ve bugün Ankara'da Anadolu Medeniyetleri Müzesi'nde sergilenmektedir. Ortasında çember şeklindeki sallantılar, dini törenlerde bu sancakları taşıyan rahiplerin sallamasıyla şıngır şıngır sesler çıkartırdı ve ayinler sırasında tapınaklara gelenlerin dikkatini çekerdi. AMMRK

HİTİTLERDEN ÖNCE ANADOLU'DA KİMLER YAŞARDI?

Anadolu, Yontma Taş Devri'nden (diğer adı Paleolitik Çağ) itibaren çeşitli kavimlerin yaşadığı bir yerdir. Bu dönemde insanlar mağaralarda ya da otlardan yapılmış kulübelerde yaşardı ve avcı-toplayıcıydılar. Avladıkları hayvanları yerler, kemiklerinden aletler ve silahlar yapar ve derilerinden, postlarından giysi dikerlerdi. Yaşadıkları bölgede yetişen çeşitli bitkileri, meyve-

İkiz idoller Alacahöyük'te bir mezarın içinde bulunmuştur. Altından olan bu idollerin yüksekliği 4 santimdir ve M.Ö. 3. binin ikinci yarısına aittir. AMMRK

leri toplayıp yer, kamışlardan sepetler ve kilimler örerlerdi.

Cilalı Taş Devri'nde (ya da Neolitik Çağ) avcı- toplayıcı toplumlar yerleşik hayata geçtiler, tarımla uğraşmaya ve kilden çanak çömlek yapmaya başladılar. İç Anadolu'da Cilalı Taş Devri'ne ait önemli yerleşimlerden biri Konya'nın bir köyü olan Çumra'da bulunan Çatalhöyük'tür.

Çatalhöyük'te, birbirlerine çok yakın kurulmuş evler kapısız ve penceresizdi, girişleri ise evlerin tepesindendi. Evlerin bazılarında duvarlar resimlerle süslüydü. Bu resimler bize o dönemde yaşamış insanların inançları, toplumsal düzenleri, mimarileri, günlük hayatları, onları çevreleyen hayvanlar alemi ve doğa hakkında bilgi vermektedir. Çatalhöyük'te bulunan şişman kadın heykelcikleri kadınların doğurganlığını, anaçlığını simgeler ve insanların doğuma önem verdiklerini de gösterir.

Cilalı Taş Devri'ni Bakır Taş Devri (Kalkolitik Çağ) izler. Artık kasabalar hatta kentler oluşmaya başlamıştır, üretim fazlalıkları ile ticaret yapılmaktadır. Bu dönemlerde silah yapımında taşın dışında bakır kullanılmaya başlandığından, Bakır Taş Devri denmektedir.

Bakır Taş Devri'ni Tunç Çağı izler. Artık taş aletlerin yanı sıra bakır aletler seri üretime girmiş ve her türlü alanda kullanılmaya başlanmıştır. Tunç Çağı eski, orta ve geç olarak üç ayrı evreye ayrılır.

Atatürk'ün 1935'de ilk milli kazıyı başlattığı Alacahöyük'te Orta Tunç Çağı'nda Hititlerden önce Anadolu'da yaşayanların önemli bir yerleşimi keşfedilmiştir. Burada Hatti beylerinin zengin hediyelerle dolu mezarları bulunmuştur. Altın kaplar, kolyeler, heykelcikler, bakır kurslar, boğa heykelleri zengin buluntuların bazılarıdır. Bugün bir kopyası Sıhhiye'de bulunan ve "Hitit Güneşi" adıyla Ankara kentinin simgesi haline gelmiş üç geyikli tunç kursun orijinali de bu mezarlarda bulunmuştur. Orijinali bugün Ankara Anadolu Medeniyetleri Müzesi'nde sergilenir.

Fildişinden yapılmış gülen kadın heykelciği bereketi ve doğurganlığı simgeler. Göz boşlukları eskiden başka renkli taşlarla doldurulmuştu. Heykelcik 9,3 santim yüksekliktedir ve Kültepe'de bulunmuştur. AMMRK

KARUM KANEŞ VE KARUM HATTUŞ

Orta Tunç Çağı'nın sonuna doğru Kayseri yakınlarında bulunan Karum Kaneş'te Asurlu tüccarlar yerel halkla ticaret halindeydi. Kuzey Mezopotamya'da bulunan Assur kentinde yaşayanlar Anadolu'nun zengin madenlerinden haberdardı ve onların bir kısmını Assur kentine getirip oradan da diğer yörelere satmaktaydılar. Bugün Kültepe adıyla ile bilinen Karum Kaneş'e bağlı onlarca ticaret kasabası vardı. Bunlar da Mezopotamya'dan eşek kervanlarıyla getirilen kumaşların ve diğer malların, Anadolu'nun her yerine yayılmasını sağlarlardı.

Karum Kaneşliler şehirlerine Neşa, dillerine ise Nesili derlerdi. Assur'dan getirdikleri değerli kumaşları ve gümüşü, Anadolu'da satın aldıkları kalay ile değiş tokuş eder ve bunları memleketleri Assur'a yine eşek kervanlarıyla yollarlardı. Bu ticaret faaliyetleri aşağı yukarı M.Ö. 1970'lerden M.Ö 1730'lara kadar sürmüştür.

Karum Kaneşliler, Mezopotamya'dan öğrendikleri çiviyazısı ile kilden yapılmış tabletlere, ticari faaliyetlerini not eder ve onları arşivlerde saklarlardı.

Kil tabletlerin bazılarında Karum Hattuş'tan da bahsedilir. Hititlerin daha sonra başkent olarak seçeceği Hattuşa bu dönemde bir ticaret kentiydi ve adı Karum Hattuş'tu. Karum Hattuş'taki tüccarlar Karum Kaneş'teki tüccarlarla sürekli irtibattaydı ve bu kent Anadolu'daki ticareti denetleyen yerlerden biriydi.

HİTİTLER

Orta Tunç Çağı'nın sonunda ve Geç Tunç Çağı'nın başlangıcında Anadolu'da, özellikle Kızılırmak kavisi içinde Hitit kentleri karşımıza çıkar. Hititler M.Ö. 17. yüzyıldan itibaren M.Ö. 1200'lere kadar İç Anadolu, Batı Anadolu, Güneydoğu Anadolu, Kuzey Suriye'de hüküm sürmüş önemli bir imparatorluktur. Babil kentini zapt etmiş, Mısırlılara karşı savaşmıştı ve Anadolu'nun batısını da egemenliği altında tutmaktaydı. M.Ö. 1200'lerde imparatorluk çeşitli sebeplerden dolayı çökmüştür. Gerçi başkent Hattuşa yakılmış bir halde bulunmuştur, ama kent aslında evvelden kısmen terk edilmiş ve boşaltılmıştı. Kuraklıklardan dolayı oluşan açlık, hastalıklar, göçler ve denizlerde güçlenen korsanların, karaya da çıkıp Hitit şehirlerini bozguna uğratmaları çöküşe yol açan bazı sebeplerdir.

M.Ö. 1200'den itibaren yaşam alanları İç Anadolu ve Güneydoğu Anadolu ve Kuzey Suriye'ye kaymıştır.

Hititlerin Anadolu'ya nereden geldikleri henüz bilinmemektedir. Bilim adamları bu konuda yüz yıldır araştırma yapıyorlar, ama henüz kesin bir şey söylenemiyor. Bulunan çiviyazılı tabletlerden, konuştukları dillerin Hint-Avrupa kökenli olduğu biliniyor ve bu sebepten dolayı da onların Hint-Avrupa kökenli olduğu savunuluyor. Yapılan araştırmalara göre Hint-Avrupa kökenli kavimler göçleri sırasında İç Anadolu'ya ve Güneybatı Anadolu'ya, bugün Likya olarak bilinen bölgeye yerleşmişlerdir. İç Anadolu'ya yerleşenler Hititçe, Güneybatı Anadolu'ya yerleşenler ise yine Hint-Avrupa kökenli olan Luvice konuşurlardı.

ZAMAN CETVELİ

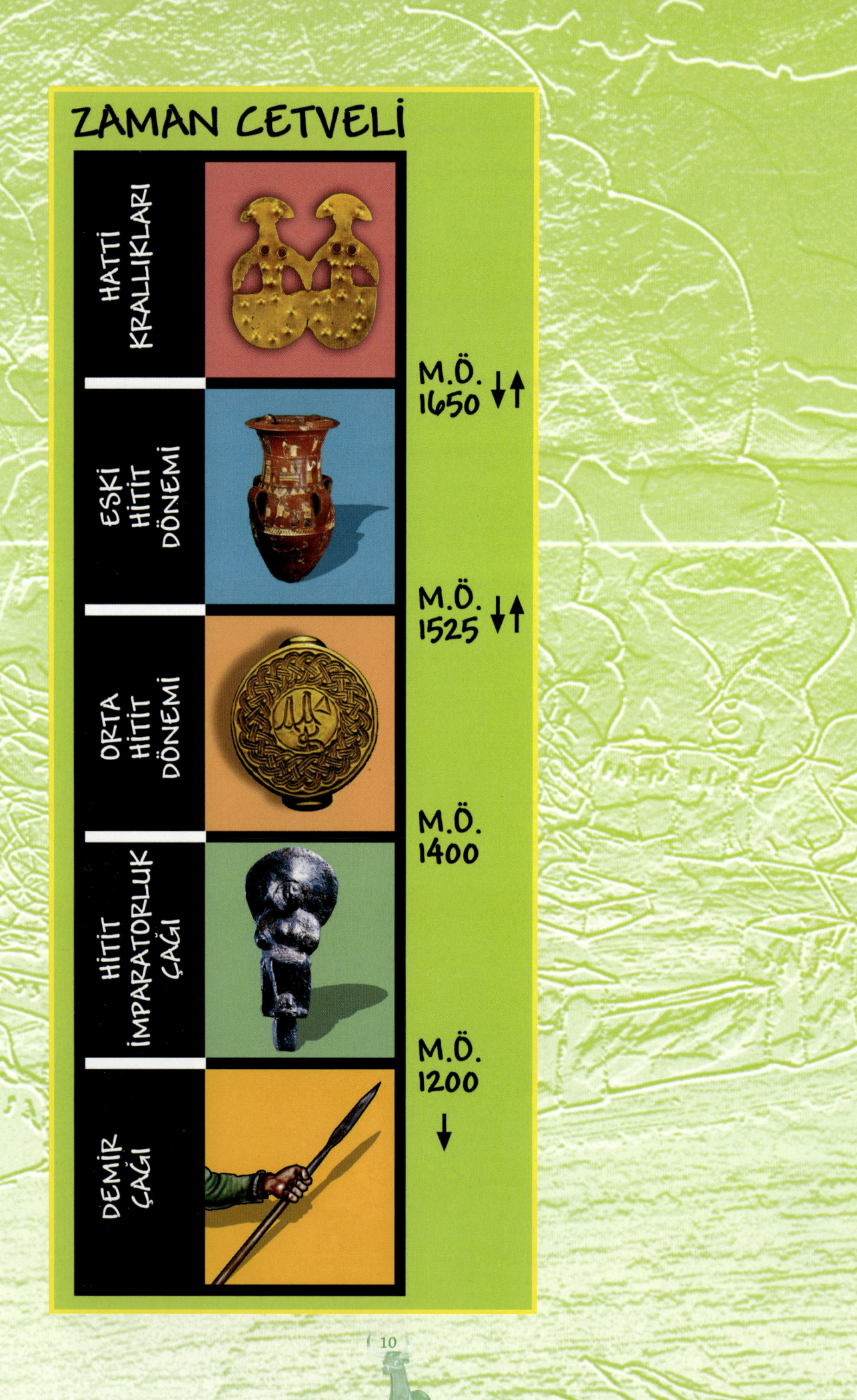

HATTİ KRALLIKLARI

M.Ö. 1650 ↓↑

ESKİ HİTİT DÖNEMİ

M.Ö. 1525 ↓↑

ORTA HİTİT DÖNEMİ

M.Ö. 1400

HİTİT İMPARATORLUK ÇAĞI

M.Ö. 1200 ↓

DEMİR ÇAĞI

KUŞŞARALI ANİTTA

Hititlerin tarihine baktığımızda, ilk dönemlerden Hititlerin tarihini anlatan yazılı kayıt pek azdır. Hattuşa arşivlerinde bulunan bir metin, Hititlerin geçmişine ışık tutar. Bu metnin Hititler için önemi büyüktü, bu yüzden sürekli kopyalanır ve arşivlerde saklanırdı. Tablet Kuşşaralı Anitta ve babası Pithana'dan bahseder. Kuşşara kentinin beyi Anitta, Kaneş'i fethettikten sonra başkenti Kuşşara'dan buraya taşır. Anadolu'nun diğer beyliklerini egemenliği altına alır, hatta daha sonra Hititlerin başkenti olan Hattuşa'yı da bozguna uğratıp yakar ve buraya tekrar bir kent kurulmaması için lanet okur. Hititlerin Anitta ile bağlantısı bilim insanları tarafından tam çözülememişse de Hititler için önemli bir kişilik, belki de bir ata olduğu düşünülmektedir.

Tunçtan dökülmüş bu hançerin üzerinde çiviyazısı ile Kral Anitta'nın ismi yazmaktadır. AMMRK

ESKİ HİTİT DÖNEMİ (M.Ö. 1650-M.Ö. 1500)

Hititlerin başkenti Hattuşa'nın Çorum Boğazkale'deki kalıntıları

I. Hattuşili, Hitit metinlerinde ilk büyük kral olarak geçer. Aslen Kuşşaralı olan I. Hattuşili M.Ö. 16. yüzyılın ortalarında karşımıza çıkar.

Hattuşalı anlamına gelen Hattuşili adını Hattuşa kentinden almış ve Anitta'nın lanetini ciddiye almayıp buraya başkentini kurmuştu. I. Hattuşili başarılı bir komutandı ve Hitit devletini Anadolu sınırlarından dışarı taşımayı başarmış, Kuzey Suriye'ye kadar inmiş ve Alalah kentini (bugün Hatay'da) egemenliği altına almıştı.

I. Hattuşili evlat edindiği torunu I. Murşili'yi varis olarak seçti ve onun iyi yetiştirilmesini emretti. Murşili'den ileride Halab kentini (bugünkü Halep) fethetmesini istedi. I. Murşili büyüdü ve en iyi şekilde yetiştirildi. İlk önce Kuzey Suriye'de Hurrilere karşı savaştı, sonra da imkansızı başarıp dedesinin emrettiği gibi Halab krallığını egemenliği altına aldı. Murşili bunlardan güç alıp büyük işlere girişmeye karar verdi. Ordularını toplayıp Fırat'ı izleyerek güneye Babil ülkesine doğru indi. İsteği Babil'i fethetmekti.

Babil, Hammurabi'den (M.Ö. 1728-M.Ö. 1686) beri 300 senedir en güçlü krallıktı, ama Murşili onlara daha güçlü olduğunu kanıtlamak niyetindeydi. M.Ö. 1531'de Babil kentini kısa bir zamanda fethetti ve tarihin en önemli olaylarından biri gerçekleşti: Babil, Hititlerin olmuştu! Hitit ordusunun Babil'den dönüşü kolay olmadı ve Hattuşa'ya vardıkları zaman büyük Kral Murşili rakipleri tarafından öldürüldü.

Bu dönemden sonra Hitit tarihi karıştı ve birçok kral birbirini izledi. Eski Hitit dönemi M.Ö. 1500 civarında Kral I. Telipinu ile sona erdi.

İMPARATORLUĞA DOĞRU: ORTA HİTİT DÖNEMİ (M.Ö. 1500-M.Ö.1380)

Boğazkale-Hattuşa'da Kral Kapısı ve Boğazkaleli ilkokul öğrencisi

Telipinu'dan sonra babadan oğula geçen krallık daha sağlam bir döneme girer. I. Tudhaliya döneminde siyasi konular hakkında kaynaklar çoğalmaya başlar ve bilim insanlarının o dönemdeki gelişmeleri anlamaları kolaylaşır. M.Ö. 15. yüzyılda Hititler iki güç ile karşı karşıya gelir. Biri, Kuzey Suriye'yi egemenliği altına almış Mitanni krallığı, diğeri de sürekli Hitit sınırlarının kuzeyindeki kasaba ve kentlere saldıran, bağları, bahçeleri bozan, hayvanları ve ekinleri çalan Kaşkalılar. Hitit kralları Kaşkalılarla anlaşmaya çalışırlarsa da başarılı olamazlar; çünkü Kaşkalılar antlaşmaların şartlarına uymamaktadır. Hitit orduları başkente doğru ilerleyen Kaşkalıları durduramazlar. III. Hattuşili'nin kayıtlarına göre Kaşkalılar Hitit başkentini yakmış ve bir dönem için ele geçirmiştir.

İMPARATORLUK DÖNEMİ VE ÇÖKÜŞ (M.Ö. 1380-M.Ö.1200)

Kral I. Şuppiluliuma devleti bir imparatorluk haline getirir. Kaşkalıları Hitit ülkesinden kovar, tüm Kuzey Suriye'yi egemenliği altına alır ve batıda bulunan Arzava ülkelerine karşı savaşmaya devam eder. Hurrilerin zayıfladığı bir anda onların kurduğu Mitanni krallığını büyük bir yenilgiye uğratıp, bölgelerini egemenliği altına alır. Kargamış ve Halab krallıklarını fetheder ve bu kentlere oğullarını kral olarak yerleştirir.

HİTİT KRALLARI SOYAĞACI

Kral	M.Ö.
ŞUPPİLULİUMA II	1210 – 1200
ARNUVANDA III	1215 – 1210
KURUNTA	1220 – 1215
TUDHALİYA IV	1250 – 1220
HATTUŞİLİ III	1275 – 1250
URHİ-TEŞUB	1282 – 1275
MUVATALLİ II	1310 – 1282
MURŞİLİ II	1343 – 1340
ARNUVANDA II	1345 – 1343
ŞUPPİLULİUMA I	1380 – 1345
TUDHALİYA III	1400 – 1380
HATTUŞİLİ II	? – ?
ARNUVANDA I	1420 – 1400
TUDHALİYA I/II	1450 – 1420

I. Şuppiluliuma'nın oğlu II. Murşili ordusuyla tüm batıyı egemenliği altına almayı başarır ve bu şekilde Hititler batıdan doğuya kadar büyük bir imparatorluk kurarlar. II. Murşili döneminde Hitit ülkesinde veba salgını başlar ve binlerce insan ölür. Murşili tanrılara, babasını ve herkesi affetmeleri için yalvarır, onlara kurbanlar keser, yiyecekler ve içecekler sunar. Tanrılara tüm insanlar ölürse onlara itaat edecek ve yiyecek sunacak kimsenin kalmayacağını da hatırlatır ve onlardan tüm insanları öldürmemelerini rica eder. Babasının ve kral olacak kardeşi Tudhaliya'nın da affedilmesi için yalvarır.

II. Muvatalli, babası II. Murşili ölünce kral olur. Ancak kral olduğunda Hitit İmparatorluğu'nda birtakım problemlerle karşı karşıya kalır. Doğuda Asurlular güçlenirken, Mısır ile anlaşmazlıklar sürmektedir. Bu sebeplerden dolayı Muvatalli başkenti korumak için, henüz keşfedilemeyen Tarhuntaşa kentine taşımaya karar verir (Tarhuntaşa'nın Güneybatı Anadolu'da bulunduğu tahmin edilmektedir). Kardeşi Hattuşili'ye ise Anadolu'nun kuzeyinde Hakmiş kentinde bir krallık kurar. Amaç, ülkenin kuzeyinde, Kaşkalıların cirit attığı bölgede, emniyeti sağlamak ve Hitit kültürünün tekrar yayılmasını sağlamaktır.

Mısırlıların Amurruları kendi tarafına çekmeleri ve Hititlerle antlaşmalarını bozmaları üzerine, Hititler ve Mısırlılar Kadeş kenti önlerinde savaşırlar. Muvatalli ordularıyla galip gelir, II. Ramses ise Mısır'a geri döner.

Urhi Teşup babası öldükten sonra krallığı devralır ve adı da III. Murşili olur. Başkenti yine Hattuşa'ya taşır. Onu kıskanan amcası III. Hattuşili onu tahttan indirmek için elinden geleni yapar. Sonunda Murşili'yi tahttan indirir ve Kuzey Suriye'ye sürgün eder. Hitit kraliyet evi sarsılır ve halk gerçek krala yapılan korkunç davranışlardan dolayı tanrıların öfkeleneceğinden korkar. Hattuşili Tarhunta-

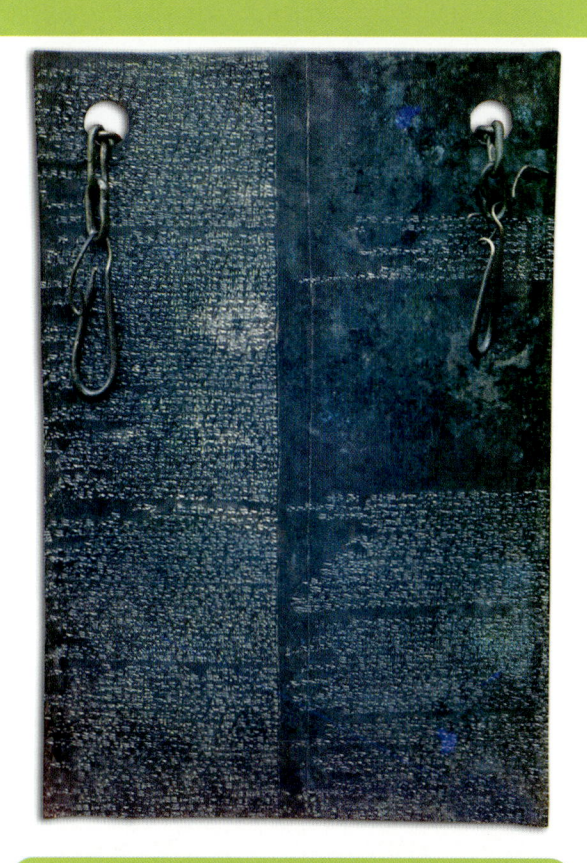

Boğazkale-Hattuşa'da Yerkapı'da toprağın altında bulunan bu bakır tabletin üzerinde Hititçe uzun bir metin vardır. Hitit döneminde bakır levha her iki taraftan kalın zincir ve kancalarla kapıya asılıydı. Metin okunduktan sonra bunun Kral IV. Tudhaliya ve Tarhuntaşa kralı Kurunta arasında bir sınır antlaşması olduğu anlaşılmıştır. AMMRK

şa'yı görkemli bir kent haline getirtip oğlu Kurunta'yı, başına koyar.

Hattuşili'nin ne zaman öldüğü kesin bilinmiyor, ama ölmeden önce IV. Tudhaliya'yı kral olarak seçmiştir. Tudhaliya, Hattuşa'da restorasyonlara girişir ve Kral Kurunta ile bir antlaşma yapar. Şartlar büyük bakır bir tabletin üzerine yazılır ve şehir kapısına kalın bakır bir zincirle asılır. (Binlerce sene sonra bu tablet arkeologlar tarafından bulunacaktır.) Tudhaliya'nın ölümünden sonra oğlu Arnuvanda kral olur, ama şu ana kadar bu döneme ait yazılı kaynak bulunamamıştır. Kuraklıklardan dolayı gıda yetersizliği, krala karşı olan düşmanlar Hitit kralının zayıfladığına işaret etmektedir. Hattuşa'da yaşayan son büyük Hitit kralı, Arnuvanda'nın kardeşi II. Şuppiluliuma'dır.

GEÇ HİTİT DÖNEMİ

M.Ö. 1200'lerden sonra, imparatorluğun çöküşünün ardından, göç dönemleri başlar. Hitit kentlerinde yaşayanlar ya kentlerinden kovulmuş, ya bazıları önceden eşyalarını toplayıp ailece yola koyulmuşlar, bazıları da Güneydoğu Anadolu'da var olan ya da yeni kurulan Hitit krallıklarına sığınmışlardır. Burada bazı yerleşimlerde yaşayan başka kavimlerle, örneğin Aramilerle kaynaşmışlardır. Güçlenen Asurlular M.Ö. 8. yüzyıldan itibaren bu bölgeleri egemenlikleri altına almaya başlamışlar ve yavaş yavaş tüm Hitit krallıkları Asur İmparatorluğu'na dahil olmuştur. Yazılı kaynakların kesilmesi Hitit krallıklarının sonuna işaret eder. M.Ö. 7. yüzyılda artık tüm Hitit krallıkları Asurlu valiler tarafından yönetilmeye başlamış ve onların egemenlikleri altına girmişti.

HİTİTLERİN ORTADAN KAYBOLUŞU

Geç Hitit devletleri Asur İmparatorluğu'na dahil olup, onlarla kaynaştıktan sonra Hititler sadece akılda veya efsanelerde anılan bir medeniyet haline gelmiş, hatta zamanla varlıkları tamamen akıllardan silinmiştir. Asur kaynaklarında veya Mısır'daki kabartmalarda onlardan saygıyla bahsedilir, Tevrat ve İncil'de de anılırlar. Ancak zaman içinde iyice unutulurlar, ta ki 19. yüzyıl gezginleri Hititlerden kalan kabartmaları tekrar keşfedinceye kadar...

II. Bölüm
KAZILAR

HİTİTLERİN YENİDEN KEŞFEDİLMESİ

1834'te Charles Texier adında bir Fransız gezgin Anadolu'yu eşek sırtında gezerken Boğazköy'e geldi. Burada büyük mimari kalıntıların izlerinin olduğunu gördü ve yöre halkı onu Yazılıkaya'ya götürdü. Charles Texier, Yazılıkaya'daki kabartmaları görüp çok etkilendi ve hemen, yanında getirdiği deftere çizimlerini yaptı. Texier, Fransa'ya geri döndüğünde onları yayınladı, ancak bu kalıntıların Hititlere ait olduğunu henüz bilmiyordu. Burasının Pteria adlı bir kent olduğunu düşünmekteydi. O tarihten itibaren çeşitli yerlerde art arda Hitit medeniyetine ait eserler bulundu, ancak bu eserlerin Hititlere ait olduğu bilinmemekteydi. Suriye'nin Hama kentinde hiyeroglif yazılı taşların bulunmasının da Hititlerin yeniden keşfedilmesiyle önemli bir bağlantısı vardır, çünkü Luvi hiyerogliflerinin okunmasıyla, bu ve diğer eserlerin Hititlere ait olduğu anlaşılmıştır.

na-aš-za EZEN₄-an i-e-et

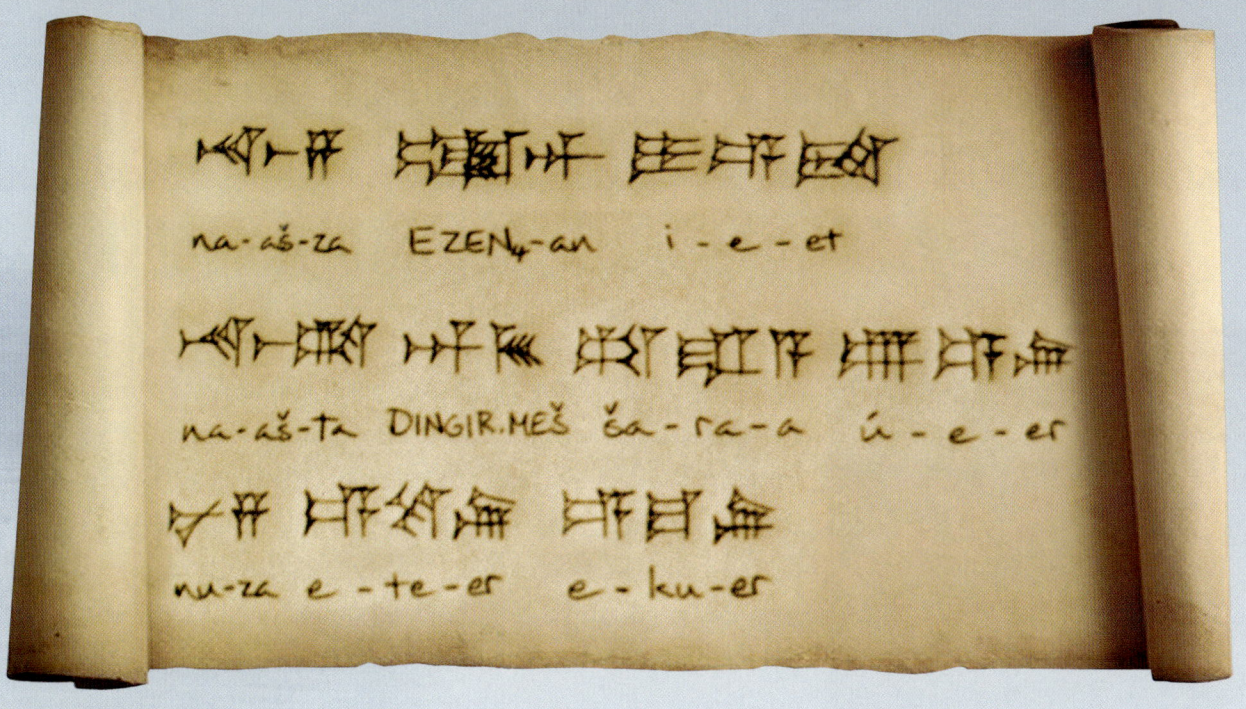

na-aš-ta DINGIR.MEŠ ša-ra-a ú-e-er

nu-za e-te-er e-ku-er

Anadolu'yu dolaşan gezginler gördüklerini çizerler, günlüklerine notlar alırlar ve bazı yazıtları kopyalarlardı. Boğazkale'deki kazılarla beraber yüzlerce çiviyazılı tablet bulunmuştur. Bunlar Hititologlar tarafından okunmaktadır. Hititologlar ilk önce çiviyazısını kopyalarlar ve altına Latin harfleriyle tercümesini yazarlar. Daha sonra metni Türkçe, Almanca veya İngilizceye çevirirler.

HİTİT KENTLERİNDE KAZILAR

Boğazkale'de bir kazı günü

Kazılarda bulunan seramikler suda bekletildikten sonra teker teker fırçalanır ve temiz suda durulanır. Daha sonra seramik bahçesinde kurumaları için dizilirler. Seramikler kuruduktan sonra arkeologlar seramikleri gövde desenli, desensiz ve kenar parçaları olarak gruplara ayırır ve önemli parçaları çizerler.

İnsanın geçmişini, tarihini, eskiden nasıl yaşandığını araştıran kişilere arkeolog denir. Arkeoloji aslında eski Yunancadan gelen bir kelimedir ve eskilerin bilimi anlamına gelir. Hitit kentleri yaklaşık 100 senedir arkeologlar tarafından araştırılmaktadır. Arkeologlar Hititlerin nerede yaşadığını belirlemek için hem yüzey araştırması yaparlar, hem de çiviyazılı tabletlerdeki metinleri değerlendirerek, onların yaşadığı kentlerin tespit ettikleri yerleşim alanları ile ilgisini anlamaya çalışırlar. Hatta tabletlerde Hititçe adları belirtilen Hitit kentlerinin veya kasabalarının yerlerini bugünkü köy, kasaba veya kentlerde tespit etmeye çalışırlar.

Arkeologlar, öğrencilerin ve yerel işçilerin yardımı ile kazı yaparlar. Kazma, kürek, çapa, elek, süpürge, fırça, mala ve el arabası kazının demirbaşlarındandır. Sabahları erkenden işe başlanır, arada mola verilir ve öğlene kadar büyük dikkatle çalışılır. Paydosta o günkü buluntular ve seramik dolu kovalar arabaya taşınır ve kazı evine götürülür. İşçiler ise evlerine gider ve dinlenirler, arkeologlar ve öğrenciler de kazı evine gidip orada yemek yiyip biraz dinlenirler.

Öğleden sonra evde buluntular çizilir, seramikler ve kemikler yıkanır. Arkeologlara mimarlar ve fotoğrafçılar da yardım eder. Mimar meydana çıkan mimari kalıntıları çizer, fotoğrafçılar da hem kazı alanını görüntüler hem de buluntuların resimlerini çeker. Restoratörler bulunan seramik parçalarını birleştirmeye çalışırken, başkaları bulunan madeni eserleri temizler.

RESTORASYON NEDİR?

Kazılarda bulunan mimari kalıntıların onarılmasına ve korunmasına restorasyon denir. Arkeologlar kazı yaptıklarında genelde sadece binaların temellerine rastlarlar. Ören yerlerini gezen ziyaretçilerin binaları akıllarında daha iyi canlandırmaları için temellerin üzerinde o dönemde olduğu gibi duvarlar örülür ve halka sunulur. Hattuşa'nın suru 2007 senesinde İstanbul'daki Alman Arkeoloji Enstitüsü tarafından restore edilmiştir. Var olan temellerin üzerine taşlar döşenip hazırlanan kerpiçler dizilmiştir. Birkaç ay sonra sur eskiden Hitit krallarının döneminde olduğu gibi göklere doğru yükselmiş, Boğazkale ve Çorum'un simgelerinden biri olmuştur.

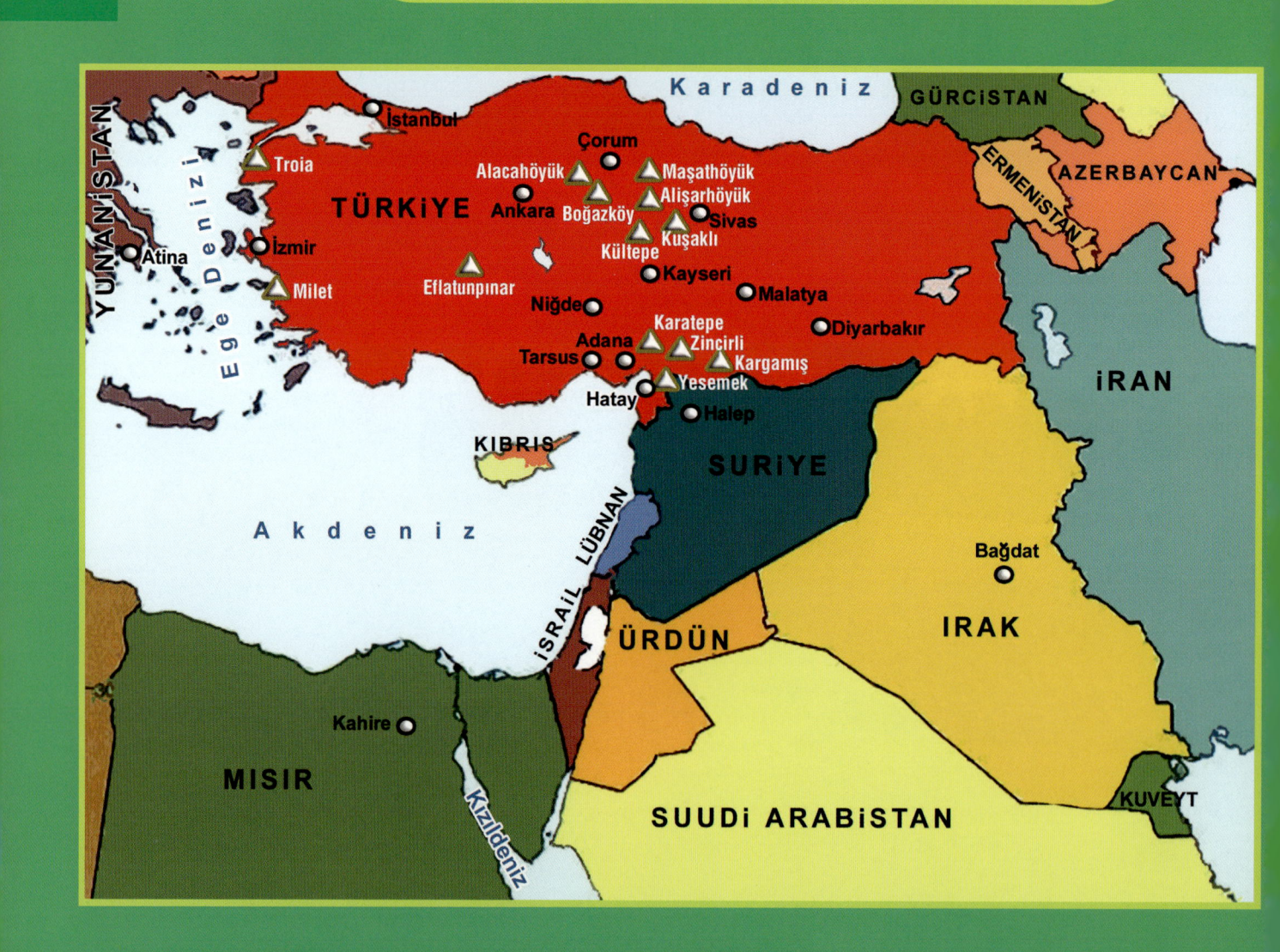

III. Bölüm
KENTLER

HİTİT KENTLERİ

Çiviyazılı tabletler sayesinde Hititlere ait yüzlerce kent, kasaba ve köyün isimleri bilinmektedir. Kentler arası mesafeler adımlarla tarif edilir, kentlerden bahsedildiğinde oradaki önemli tapınaklar da anlatılır.

Arkeologlar Anadolu'nun çeşitli yörelerinde yaptıkları yüzey araştırmaları sayesinde birçok Hitit kenti keşfedebilmiştir, ancak bunların Hititçe ismi çoğunlukla kesin olarak bilinmemektedir. Tabletlerde ismi geçen yüzlerce Hitit kentinden çok azının yeri tespit edilebilmiştir.

Yüzey araştırması nedir? Yüzey araştırmasında geniş bir alan seçilir ve bu alan içerisinde bulunan tüm höyükler ve eski yerleşim izleri araştırılır ve yüzeyden seramikler, diğer küçük buluntular, heykeller ve yazılı taşlar toplanır. Arkeologlar şanslı ise çiviyazılı tabletler veya mühürler bulunabilir. Seramikler ve diğer buluntular sayesinde bu höyüklerin hangi dönemlerde yerleşim yeri olarak kullanıldığı anlaşılır. Çiviyazılı tabletlerde de bazen yerleşim alanının Hititçe ismi bulunur, bu şekilde arkeologlar hangi kentte araştırma yaptıklarını bilirler.

Hitit kentleri genelde kent surları tarafından korunurdu. Surlar kulelerle desteklenmişti ve eski dönemlerde surların altından geçen tüneller inşa edilirdi. Kentte tapınaklar, saray, erzak depoları, kışlalar, atölyeler, arşivler ve daha birçok yapı bulunurdu. Her gün kentlerin sur kapıları güneş batmadan önce belediye başkanı tarafından teker teker dıştan kilitlenir ve mühürlenirdi. Sabahleyin gün ağırırken mühürler kırılır ve kapılar açılırdı.

BAŞKENT: HATTUŞA (BOĞAZKALE)

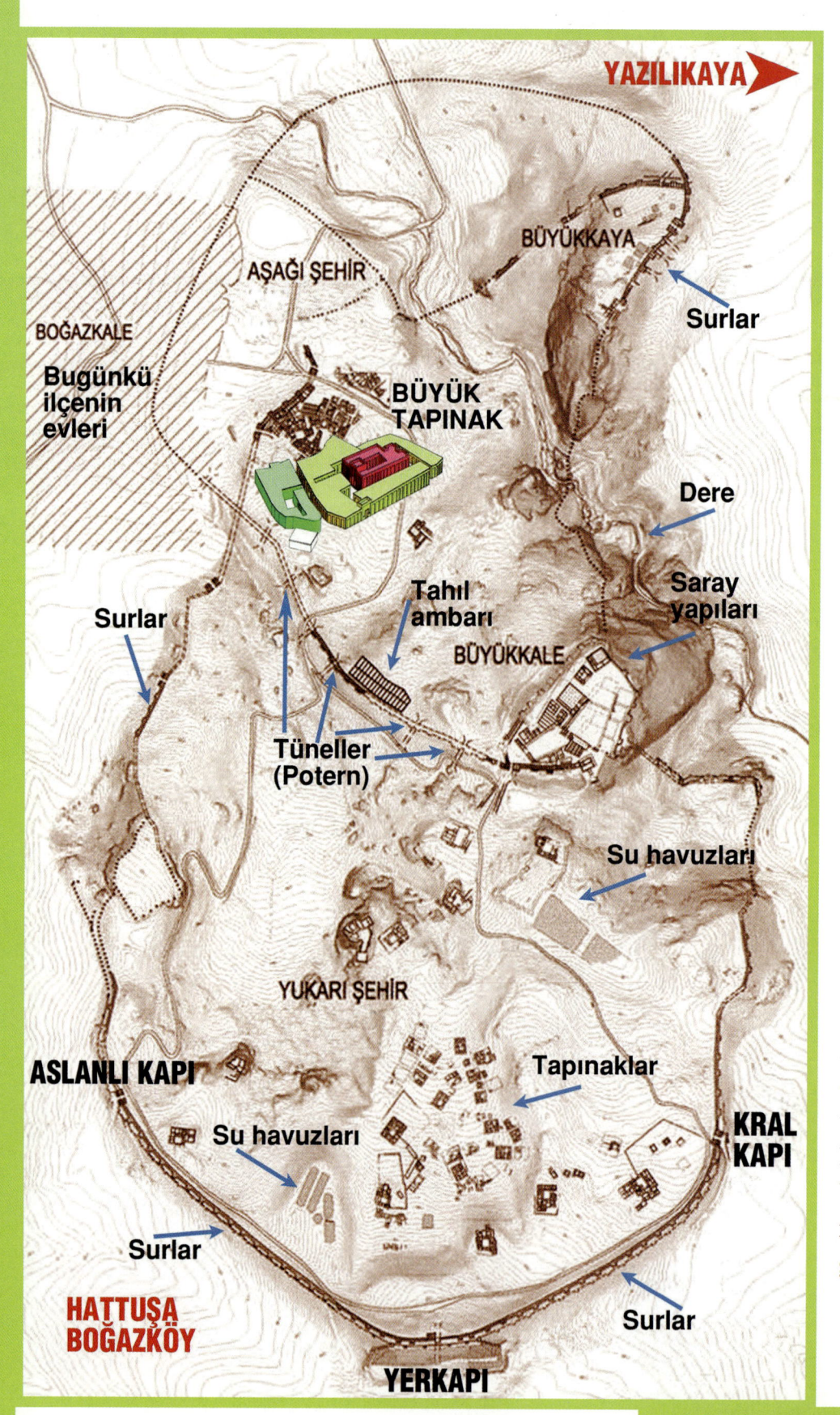

Çorum'un 34 km güneybatısındaki Boğazkale ilçesinde Hititlerin başkenti Hattuşa'nın kalıntıları bulunmaktadır. Boğazkale bilim dünyasında Boğazköy olarak da bilinir, çünkü burada 1883'te kazılara başlandığında harabelerin bulunduğu yerde Boğazköy adında bir köy vardı. Boğazköy daha sonra ilçe olunca adı Boğazkale diye değiştirilmiştir.

Soldaki plan Hititlerin başkenti Hattuşa'nın şehir planıdır. Uzun bir çalışmadan sonra oluşturulan bu plan üzerinde şimdiye kadar kazılarda bulunan yapıların mimari planlarını görebilirsiniz.

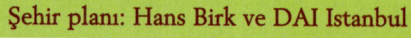

Şehir planı: Hans Birk ve DAI Istanbul

Kral Kapısı

Boğazköy'de kazıya başlayan arkeologlar burasının çok büyük bir kent olduğunun farkındaydılar, ancak unutulmuş bir medeniyetin başkenti olabileceği akıllarına gelmemişti. Yüzlerce çiviyazılı tablet bulununca ve Hititçe deşifre olunca, burasının Hattuşa adında bir kent olduğu anlaşıldı. Kent yüksek bir kayanın üzerinde kurulmuştu; en yüksek noktası 1250 metre yükseklikteydi. Doğusunda sarp kayalıklar tarafından korunur, batısında ise tarlalar bulunurdu. Kentin birçok yerinde insanların geçimini sağlayan buğday depoları ve su havuzları vardı.

Bugüne kadar bilinen Hitit kentlerinin en büyüğü olan Hattuşa'yı 6 km uzunluğunda, kulelerle desteklenmiş yüksek bir sur korurdu. Surun birçok anıtsal girişi vardır, bunların en ihtişamlıları Aslanlı Kapı, Sfenksli Kapı ve Kral Kapısı olarak bilinen kapılardır. Kentin en yüksek noktasında Yerkapı ya da diğer adıyla Sfenksli Kapı bulunurdu. Sfenksli Kapı'nın altında 71 m uzunluğunda bir tünel geçerdi ki, buna potern de denir. Bu geçit sayesinde kalenin en yüksek noktasından hızlı bir şekilde kalenin dışına çıkılabilirdi. Yerkapı'nın dışı, piramide benzeyen beyaz taşlarla kaplı bir yamaçtır. Boğazköy'e gelenlerin çok uzaktan görebildikleri bu beyaz kale o dönemde dillere destan olmuştu. Hitit kralları da kentlerinin özelliğini, gücünü ve çok iyi korunduğunu bu şekilde göstermek istemişlerdi. Kalenin kulelerinde askerler sürekli nöbet beklerdi.

Ç. M.

Bu kabartma Kral Kapısı olarak bilinen yerde bulunur. Miğfer takmış ve elinde balta tutan kralı göstermektedir.

Hattuşa'nın kralları bugün Büyükkale olarak bilinen tepede bulunan sarayda otururdu. Buradan tüm kenti kontrol altında tutabiliyorlardı. Kral savaştan döndüğünde arabası ile saraya çıkan rampadan geçip, kırmızı taşlı yol üzerinden sarayına doğru gider ve dinlenirdi. Boş zamanlarında kütüphanesinde bulunan binlerce tableti kendisine okuturdu ya da yeni metinler yazdırırdı. Kraliçe de boş zamanlarında çocuklara Hitit efsanelerini anlatırdı. Saray yüksek bir sur tarafından korunurdu, yakınında ise kentin buğday ambarları bulunurdu. Tarlalardan gelen hasadın çalınmadan ambarlara getirilmesi denetlenirdi. Sarayın kuzeybatısında, yani çaprazında büyük bir tapınak bulunurdu; bu tapınak arkeologlar tarafından "Büyük Tapınak" olarak adlandırılmıştır. Tapınağın, hava ve fırtına tanrısı Teşup ve Arinna kentinin güneş tanrıçasına adandığı düşünülmektedir. Tapınağın etrafında atölyeler vardı. Burada saray için her türlü malzeme üretilir ve işlenirdi. Ayinlerde kullanılan heykeller, kıyafetler ve çanak çömlekler depolarda saklanırdı.

Belirli dönemlerde ve şenliklerde, burada görkemli ayinler yapılırdı ve tanrıların Hitit kentlerini, insanlarını korumaları, açlık ve susuzluk olmaması, savaşlardan galip çıkılması için dua edilirdi. Tapınağın hemen yakınında atölyeler bulunurdu. Burada çeşit çeşit ustalar çalışır, bazısı takı, bazısı heykel, bazısı da seramik yapardı.

Ç. M.

Aslanlı Kapı sağında ve solunda bulunan aslanlar tarafından korunmaktadır.

Sfenks Kapısı adını sağında ve solunda bulunan sfenkslerden almıştır. Sfenksler binlerce sene açık havada kaldıkları için taşları çatlamıştır; bu yüzden biri İstanbul Eski Şark Eserleri Müzesi'nde diğeri de Berlin'de Bergama Müzesi'nde korunmakta ve sergilenmektedir. İAMEŞEM

M.Ö. 1180 civarında Büyükkale ve kentin başka bölgeleri düşmanlar tarafından yakıldı, ancak kent zaten kısmen terk edilmişti. Hititlerin çoğu kentten ayrılıp başka yerlere göç etmişlerdi. Bu dönemden sonra buraya yeni kavimler yerleşmiştir. Boğazkale'de bulunan eserler Çorum Müzesi'nde, Boğazkale Müzesi'nde, İstanbul Eski Şark Eserleri Müzesi'nde ve Ankara Anadolu Medeniyetleri Müzesi'nde sergilenmektedir.

Ç. M.

Büyük Tapınak etrafında 82 büyük dikdörtgen depo odası bulunuyordu. Bunların bazılarında büyük erzak küpleri bulunmuştur; toplam hacimleri yaklaşık 2000 litreye varıyordu, içlerinde tahıl, baklagiller, yağ ve şarap saklanırdı.

Yerkapı'nın altından geçen potern 71 m uzunluğundadır ve Hattuşa'da bulunan en uzun tüneldir. Ç. M.

Aşağı şehirde Büyük Mabet veya Tapınak olarak bilinen devasa yapının günümüze sadece temel taşları ulaşmıştır. 8 metre yüksekliğinde yapay bir teras üzerinde kurulan tapınak zamanında şehrin en önemli anıtsal yapısıydı. Uzunluğu 65 metre, genişliği 42 metredir ve tüm çevresini saran depo odalarıyla birlikte 14.500 metrekarelik bir alanı kaplar. Bir zamanlar burada Hattuşa'nın en önemli dini ayinleri yapılır ve bayramlar kutlanırdı. Tapınağın hava ve fırtına tanrısı Teşup'a adandığı düşünülmektedir. Tapınaklar tanrıların yeryüzündeki evleri olarak görülürdü. Serbest dolaşan ruhlarının ise tapınaklarda bulunan heykellerin içine girdiğine inanılırdı. Tanrılara her gün ekmek ve içecek sunulurdu ve rahipler onları kızdırmamaya çalışırdı. Tapınağa sadece kral, kraliçe ve rahipler girebilirdi, ama girmeden önce kendilerini çok iyi temizlemek zorundaydılar. Tanrı heykelleri de temizlenir, ağızları zeytinyağı ve bal ile silinir, böylece ağızlarından çıkan kelimelerin ve sonuçların bal gibi yumuşak ve tatlı olmaları sağlanmaya çalışılırdı. Tapınağın etrafında depolar ve atölyeler bulunurdu.

Büyük Tapınak'ın kalıntıları Ç. M.

HATTUŞA HABER

KRAL KENTE TAPINAK YAPTIRIYOR!

Büyük kralımız IV. Tudhaliya zafer sonrası Hattuşa'da hava ve fırtına tanrımız Teşup'a tapınak yaptırdı. Kutsal ormanlarda ağaçlar kesildi, yüzlerce işçi taş kırdı ve kerpiç hazırladı. Tapınağın açılışı yeni yıl bayramında büyük bir coşku ve kutlamalarla yapılacaktır.

YAZILIKAYA

Tanrı Şarruma Kral IV. Tudhaliya'yı kucaklıyor

B üyük Tapınak'ın 1,5 km kuzeydoğusunda bulunur ve Yazılıkaya açık hava tapınağı olarak da adlandırılmaktadır. Buradaki iki ayrı odanın duvarlarını oluşturan sarp kayalar düzleştirilmiş ve Hitit tanrıları ile krallarının kabartmaları üzerlerine ustaca işlenmiştir. A odasındaki kabartmalarda, Hitit tanrılar topluluğunun üyeleri, ortada bulunan fırtına tanrısı Tesup ve eşi Hepat'a doğru, sağdan ve soldan ilerlerler. Kral IV. Tudhaliya da sahneyi izlemektedir. Başında rahiplerin taktığı takke vardır; uzun bir palto giymiştir, elinde asasını tutmaktadır. Sağ elinin üzerinde hiyerogliflerden oluşan kartuşu (mührü) bulunur. Yeraltı tanrısının kabartması B odasındadır. Tanrı Şarumma burada bir krala kolunu dolamıştır. Ona dostluk ettiği gibi, hem onu hem de ülkesini korumaktadır.

12 Yeraltı Tanrısı

ALACAHÖYÜK

Sfenksli Kapı   Ç. M.

Poterne giriş   Ç. M.

Ç. M.

Boğazkale'nin kuzeyinde bulunur ve orta boy bir kenttir. Alacahöyük bugün Sfenksli Kapı ve burada bulunan bakır kurslarla meşhurdur. Bu bakır güneş kursları Hititlerden önce orada yaşayan Hatti beylerine aittir. Hititlerin döneminde kent bir sur ile çevriliydi ve şehrin girişinde iki sfenks tarafından korunan ihtişamlı bir kapı vardır. Girişin sağında ve solunda surların bir kısmı resimli ortostatlarla süslenmiştir. Avı, ayini, müzisyenleri, akrobatik sahneleri anlatan kabartmalar işlenmiştir ve bize Hititlerin inançları hakkında önemli bilgiler sunmaktadır ve şehre giren insanlara Hitit kültürü hakkında bilgi vermektedir. Alacahöyük'te henüz şehrin ismini içeren çiviyazılı tablet bulunmamasına rağmen arkeologların bir kısmı burasının güneş tanrıçası Arinna'nın kenti olduğu kanısındadırlar. Şehrin kuzeybatısında surun altından geçen ve şehre kolay bir giriş sağlayan bir potern vardı. Kazılarda Hitit devrine ait saray, evler, caddeler, su kanalları, erzak depoları keşfedilmiştir. Alacahöyük'te bulunan eserler hem hemen yakındaki müzede hem de Ankara Anadolu Medeniyetleri Müzesi'nde sergilenmektedir.

ORTAKÖY: ŞAPİNUVA

Çorum'un Ortaköy ilçesinde bulunan Hitit kenti Şapinuva, çok geniş bir alana yayılmaktadır. Bugüne kadar 4000 çiviyazılı tablet bulunmuştur. 700 hektara yayılan büyük kent, Hattuşa'dan sonra en büyük tablet arşivine sahiptir. Çiviyazılı tabletlerden burada ordu komutanlığının bulunduğu ve Hitit kralı ile kraliçenin oturduğu başkentlerden biri olduğu anlaşılmıştır. Kentte büyük yapılar ve Hitit sanatının en güzel örnekleri bulunmuştur. Ortaköy'de bulunan eserler Çorum Müzesi'nde sergilenmektedir.

MAŞATHÖYÜK: TAPİGGA

Yapılan kazılarda 400'e yakın çiviyazılı tablet bulunmuştur. Bulunan tabletlerden Hititçe isminin Tapigga olduğu anlaşılmıştır. Maşathöyük Çorum'a bağlı Maşat köyünde bulunmuştur ve keşfedildiği dönemde Hititçe adı henüz bilinmediği için köyün adı höyüğe verilmiştir.

KUŞAKLIHÖYÜK: SARİSSA

Sivas'ın Başören köyünün yakınlarında bulunan höyükte bir Hitit kenti tespit edilmiştir. Bulunan arşivdeki tabletlerden burasının Sarissa adında bir Hitit kenti olduğu anlaşılmıştır. Kenti kalın bir sur çevrelemekteydi ve dört ayrı girişi vardı. Geceleri tüm Hitit kentlerinde olduğu gibi belediye başkanı tarafından kilitlenip mühürlenen kapılar sabahları tekrar açılırdı. Fırtına tanrısı Teşup'un arabasını çeken Hurri ve Şerri isimli boğaların kızıl sırlı kil heykelleri buradaki en güzel buluntular arasındadır.

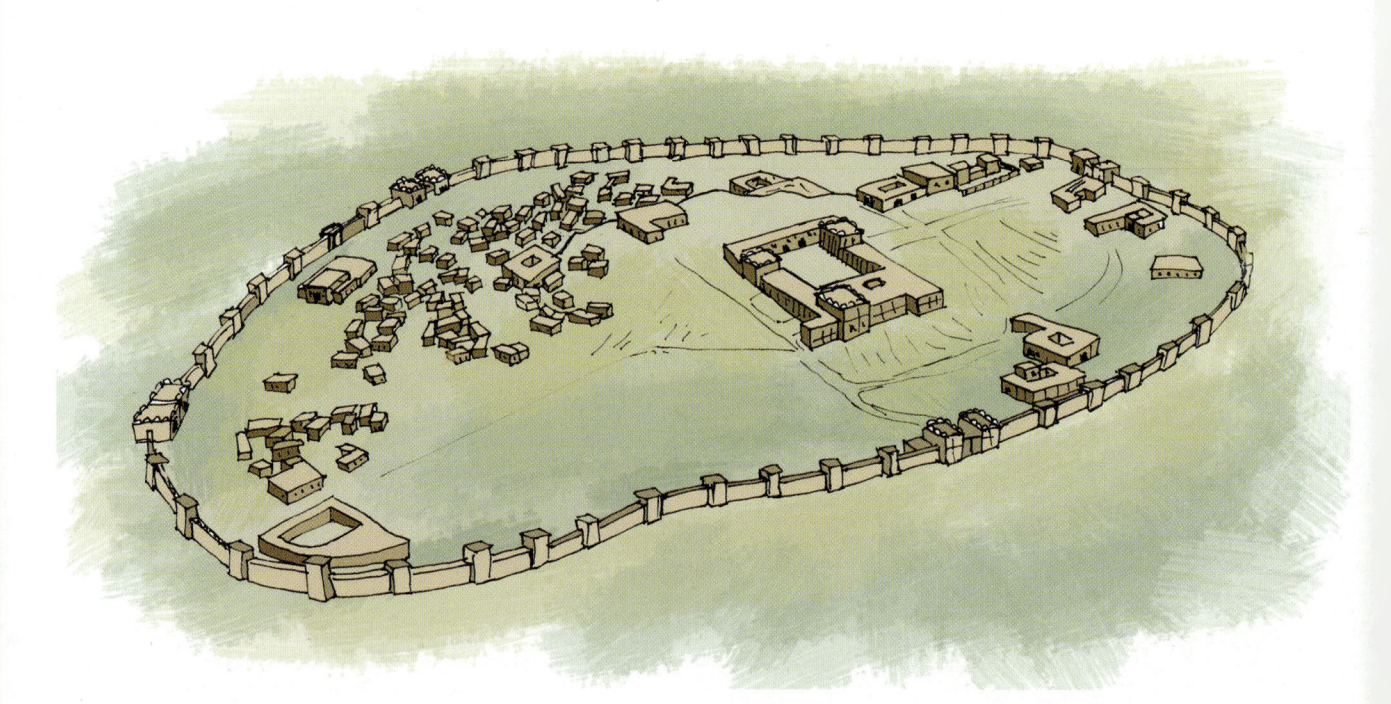

İNANDIKTEPE

İnandıktepe'de Hitit sanatının en değerli örneklerinden biri bulunmuştur. Çankırı'nın 22 km güneyindeki İnandıktepe'de tapınağın içinde Eski Hitit dönemine ait kabartmalı bir vazo bulunmuştur. 1966'da bulunduğunda, arkeologlar ilk defa böyle bir eserle karşılaşmışlardır.

Vazonun üzerinde dört şerit halinde Fırtına tanrısı için yapılan ayinler ve kutsal evlilik sahnesi yer alır. Ayin müzik eşliğinde, yemek adakları sunularak yapılırken, sunağın üzerinde tanrı heykelcikleri durmaktadır. Vazo bugün Ankara Anadolu Medeniyetleri Müzesi'nde sergilenmektedir.

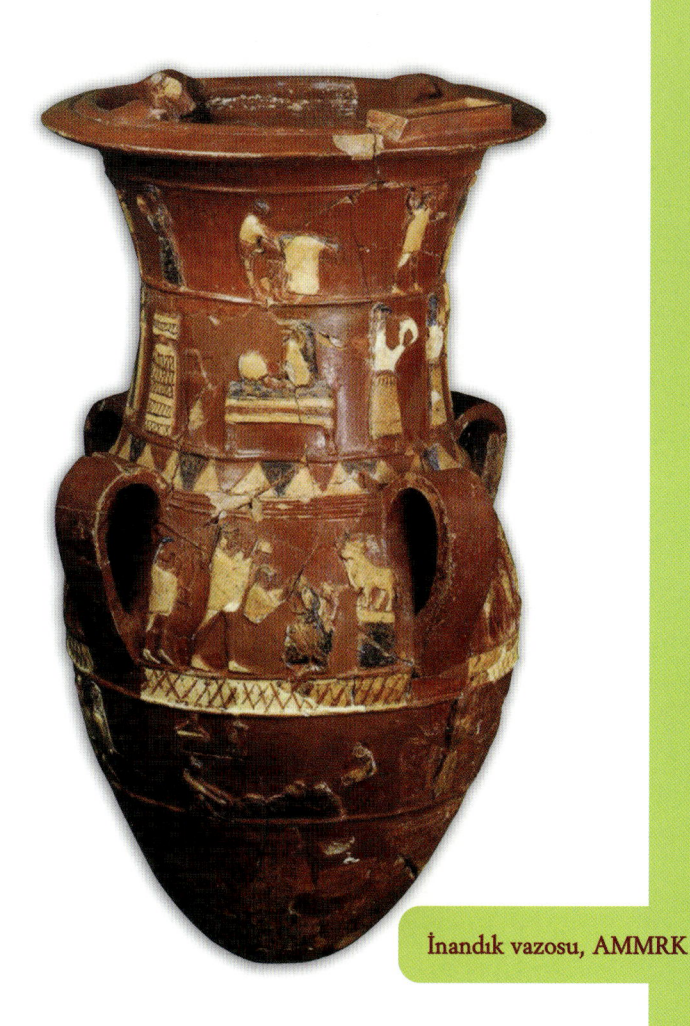

İnandık vazosu, AMMRK

HÜSEYİNDEDE

Çorum iline 30 km uzaklıktaki Hüseyindede'deki höyük arkeologlar tarafından 1997 yılında tahrip edilmiş bir şekilde bulunmuştur. Burada yapılan kaçak kazılar höyüğün doğal halini, içinin mimarisini ve eserleri tahrip etmiştir. Hemen kurtarma kazılarına başlayan arkeologlar, burada Eski Hitit dönemine ait bir kasaba keşfetmişlerdir. Fırtına tanrısına adanmış bir tapınak, konutlar, caddeler açığa çıkarılmıştır. En önemli buluntulardan biri fırtına tanrısı için yapılan ayinleri betimleyen kabartmalı iki vazodur. Bunlardan biri Hitit tasvir sanatında ilk defa boğanın üzerinden atlayan akrobatı betimleyen bir sahnedir. Hüseyindede'de bulunan kabartmalı vazolar Çorum Müzesi'nde sergilenmektedir.

Hüseyindede'de bulunan kabartmalı vazo
(Resim: Tunç Sipahi)

GEÇ HİTİT DÖNEMİ KRALLIKLARI

Hitit İmparatorluğu çöktükten sonra Hititler İç Anadolu ve Güneydoğu Anadolu'da var olan ve oluşan krallıklarda yaşamaya devam etmiş, bir kısmı da başka yerlere göçmüştür. 19. yüzyıldan beri arkeologlar bu krallıklara dair izler keşfetmişlerdir.

Cerablus: Kargamış Krallığı

Kargamış Türkiye-Suriye sınırındaki mayınlı askeri sahada bulunmaktadır, ancak son senelerde bu önemli kentte arkeolojik araştırmalara tekrar başlanabilmesi için mayınların temizlenmesine girişilmiştir. 20. yüzyılın başında yapılan kazılarda birçok yapı ve kabartmalı ortostatlar bulunmuştur. Kent aslında Kral I. Şuppiluliuma tarafından zapt edilmiş, başına ise oğlu Şarri Kuşuh'u koymuştur. Kuzey Suriye'yi egemenliği altına alan I. Şuppiluliuma, Hitit devletini bir imparatorluk haline getirmiştir. Kargamış ticaret kenti Ugarit'e çok yakındı ve bu yüzden konumundan dolayı Hititler için çok önemli bir kentti. Ugarit ise Hititlere vergi ödüyordu ve Hititlerin önemli bir liman kentiydi. Hitit İmparatorluğu çöktükten sonra Kargamış hala Hitit politikasını, gelenek, göreneklerini sürdürüyordu. Kargamış Fırat'ın kenarında kurulmuştur. Kente giriş kapılarından biri de burada bulunurdu. Fırat üzerinden kayıklarla gelenler buradan kente girerlerdi. Kargamış'ta 20. yüzyılın başında kazı yapan İngiliz arkeologlar onlarca resimli taş kabartma bulmuş ve gördükleri bu resimlerden çok etkilenmişlerdir. Kabartmalarda Kargamış kentinde yaşayanların inançları, tarihleri, adetleri, görenekleri ve yaşadıkları çevre anlatılmaktadır.

Kargamış'ın duvarlarını süsleyen bu kabartma savaş arabası içinde bir okçuyu ve arabacıyı betimler. Arabanın arkasında okçunun kalkanı bulunur. Başı süslü atın altında ise yaralı düşman yatmaktadır. M.Ö. 8. yüzyılın ikinci yarısına ait bu kabartma bazalt taşından yapılmıştır. AMMRK

Maraş'ta bulunan bu bazalt aslanın bir de kardeşi vardır. Bu iki aslan zamanında Maraş'ta bulunan Geç Hitit dönemine ait Gurgum adlı kentin saray veya tapınak girişinde dururlardı. Aslanın kulaklarına ve ağzına bakıldığında insanı korkutan bir ifadesi vardır. Aslanın sırtında Luvi hiyerogliflerine yazılmış uzunca bir yazıt yer alır. Yazıt şöyle başlar: "Ben Prens Halparutaş; Gurgum şehrinin kralı yüce Layamaş'ın oğlu Büyük Halparatuşa'ın torunu…" EŞEM

Kral Tarhunza'nın heykeli Malatya'da bulunmuştur. AMMRK

Zincirlihöyük: Sam'al Krallığı

Zincirlihöyük'te Sam'al krallığının başkenti keşfedilmiştir. Gaziantep'in güneyinde bulunan höyükte, İstanbul Arkeoloji Müzeleri'nin kurucusu Osman Hamdi Bey 1883'te ilk incemeleri yapmıştır. Kent bir sur tarafından korunurdu ve girişlerinin duvarları kabartmalı ortostatlarla süslenmişti. Kapıların girişlerini bazalt taşından yapılmış aslanlar korurdu, kentin önemli noktalarında burada hüküm süren kişilerin heykelleri dikiliydi. Sam'al'de Hititler Aramilerle beraber yaşardı. M.Ö. 10. yüzyılda kent önce Hititler tarafından yönetildiyse de, daha sonra Aramiler başa geçmiştir. M.Ö. 7. yüzyılda da kent Asur İmparatorluğu'na dahil olmuştur.

Malatya Arslantepe: Melid Krallığı

Melid krallığının başkenti Melid, Malatya kentinin 7 km kuzeydoğusunda yer alır. Kalenin kuzeydoğu giriş kapısı görkemli kabartmalarla süslüydü. Kapıyı büyük aslan heykelleri korurdu, bu yüzden arkeologlar adını Aslanlı Kapı koymuştur.

Karatepe-Arslantaş: Azativataya

Karatepe-Arslantaş kalesi Adana'nın Kadirli ilçesine 20 km uzaklıkta bulunur. Ceyhan'ın batı kıyısında bulunan kale, Geç Hitit devrinde Çukurova'daki Ceyhan Nehri üzerinde faaliyetleri denetleyen önemli bir kaleydi. Yapılan araştırmalarda bu kentin M.Ö. 8. ila 7. yüzyıla ait olduğu meydana çıkmıştır. Kale çift surlar ve 28 kule tarafından korunurdu. Kalenin kuzey ve güney kapıları bazalt taşından yapılmış kabartmalı levhalarla süslüydü; bunlar o dönemde yaşamış insanların inançları, yaşamları, doğaları, efsaneleri ve idari sistemleri hakkında bilgi vermektedir. Kalenin girişlerini sfenksler korurdu ve kutsardı. Karatepe'deki levhalarda yazıtlar çift dilde, Fenikece ve Luvice işlenmiştir, bu yazıtlardan da burasının Azativataya isimli kent olduğunu öğreniriz.

"Ziyafet Sahnesi" olarak bilinen bu levhada üst sırada oturan kişinin Que Kralı Varikas olduğu düşünülüyor. Que o dönemde Çukurova'nın adıydı. Bir sehpanın üzerinde hilal şeklinde bir çanağın içinde yiyecekler bulunuyor, kralın bir görevlisi ise bir palmiye yaprağı ile onu hem serinletiyor hem yemeklerin üzerindeki sinekleri kovalıyor. Alt sırada ziyafet için kurban edilecek bir boğa getiriliyor, ziyafet müzik eşliğinde gerçekleşiyor.

DÜNDEN BUGÜNE HİTİTLER

Kızılırmak

Dr. Ateş Velidedeoğlu

Boğazkale'de Hitit taşlarından yapılmış köy evi

Ankara Sıhhiye'deki Eti anıtı

Hattilerin ve Hititlerin mirası günlük hayatımızda Türkiye'nin birçok yerinde karşımıza çıkar.

İstanbul'daki Etiler semti ismini Hitit-Eti medeniyetinden almıştır.

IV. Bölüm
YAŞAM

AMMRK

İLK BARAJLAR

Hitit mimarları bugün mimarları aratmayacak kadar becerikli ve düşünceliydi. İç Anadolu'nun kurak dönemlerini atlatmak ve Hitit kentlerinde susuzluğu önlemek için kentlerin içinde bulunan göletlerin yanında barajlar inşa ederlerdi. Barajların iç taraflarını taşla, dibini kille döşemişlerdir. Alacahöyük yakınlarında bulunan Gölpınar barajı günümüze ulaşan örneklerden biridir. Bir diğer baraj Karakuyu'da keşfedilmiştir. Barajın bir tarafından büyük kral III. Tutdhaliya'nın burasını yaptırdığına dair bir kitabe bulunmuştur.

Hititler tanrılarını genç ve atletik olarak betimlemeyi çok severdi. 11,4 santim yüksekliğindeki bu tunç heykelcik Sivas'ta Dövlek'te bulunmuştur ve M.Ö. 16.–15. yüzyıllarına tarihlenir. Sivri uçlu papuçları ve kısa eteği ile Hitit modasına uymaktadır. AMMRK

TANRILAR

Şimşekler, gökgürültüsü, kuraklıklar, seller, hastalıklar ve özellikle salgın hastalıklar, savaşlarda mağlubiyetler tanrıların insanlara kızgın olduğuna dair işaretler olarak kabul edilirdi. İnsanlar var olduğundan beri kendilerinden daha güçlü kudretlerin olduğuna inanmışlardır. Hititler politeisttir, yani çoktanrılıdırlar, birçok tanrıya taparlar ve inanırlar. Çoktanrılı dinlerde doğanın birçok yanı ilahlaştırılır, örneğin güneş, fırtına, toprak, gökyüzü, ay vb.

İnançlarına göre kralın ve halkın en baştaki görevi tanrıları memnun etmektir, bu sebepten dolayı yılın çeşitli aylarında bayramlar kutlanır ve bu bayramlarda tanrıların yeryüzündeki temsilcisi olarak kabul edilen Hitit kralı ayinler düzenler, tanrılara yemekler ve içecekler sunar. Hitit metinlerinde yüzlerce tanrıdan söz edilir, bu topluluk başka medeniyetlerin ve kavimlerin tanrılarının da eklenmesiyle meydana gelmiştir. Tanrılara ayinlerde kurbanlar kesilir, müzik eşliğinde dans edilir ve onlara yemekler sunulur. Hititlerin inanışına göre tanrılar insan şekilliydi ve bu yüzden tanrı heykelcikleri insan şekillidir. Heykelcikler ahşap, altın, gümüş, bakır, değerli ve yarı değerli taşlardan yapılırdı.

Hititler tanrılara çeşitli yerlerde ayinler düzenlerdi. Bu yerlerden biri tapınaklardı, diğeri huvaşi taşı adı verdikleri bir taştı. Bu taş genelde doğanın içinde veya bir su kenarında bulunur, burası kutsal alan olarak ilan edilirdi.

Hititler insanların tanrılar tarafından onlara hizmet etmek için yaratıldığına inandıkları gibi, tanrıların da tembel olduklarını ve yaşamlarını sürdürmek için insanların onlara sundukları yiyeceklere ve kurbanlarına muhtaç olduklarını düşünürlerdi. Özellikle salgın hastalıklar şehirleri kapladığı zaman kil tabletlere bu hastalıkların çabuk geçmesi için dualar yazılır ve tanrılara, şayet tüm Hititleri öldürürlerse onlara da yemek ve kurban sunacak kimsenin kalmayacağı ve tanrıların açlıktan ve susuzluktan ölecekleri sık sık hatırlatılırdı.

Arinna şehrinin güneş tanrıçası Hitit devlet arşivlerinde bulunan antlaşmalarda en başta yazılmaktadır.

Hititlerin Tanrıları

Hititler kendi tanrı topluluklarından -buna bilim dilinde panteon da denir- Hatti'nin "1000 Tanrısı" olarak bahseder. İnanışa göre Hititler bir şehri veya ülkeyi fethettiklerinde o medeniyetin tanrılarını da panteonlarına katarlardı ve bu şekilde 1000 tanrıya ulaşılmıştır. Hitit panteonu Hitit, Luvi, Hurri, Hatti, Sümer, Asur, Babil tanrılarının birleşiminden oluşan bir tanrı topluluğudur.

İştar diğer adıyla Şauşga

İştar Mezopotamya'da yaşamış medeniyetlere ait bir tanrıçadır. Hem savaş hem aşk tanrıçasıdır. Şauşga ise Hurrilerden Hitit tanrı ailesine katılmıştır ve İştar'a denktir.

Hurri ve Şerri

Bu iki boğa, fırtına tanrısının mukaddes boğalarıdır. Fırtına tanrısı, Hurri ve Şerri tarafından çekilen bir araba üzerinde göklerde gezer.

Dağ Tanrısı, AMMRK

Hava ve Fırtına Tanrısı Teşup

Hava ve fırtına tanrısı Teşup, Hurrilerden devralınan bir tanrıdır. İnsanlar tarafından kızdırıldığında, onları fırtınalarla, kuraklıkla ve nehirlerin taşmasıyla cezalandırdığına inanılırdı. Göklerin kraliçesi Hepat, Teşup'un eşidir.

TAPINAK

Tapınaklar tanrıların yeryüzündeki evi olarak görülürdü. Burada onları temsil eden heykeller, kıyafetleri, takıları, onlara sunulan yiyeceklerin konulduğu kaplar ve ayinlerde kullanılan başka eşyalar da saklanırdı. Tapınaklar çok temiz tutulurdu ve burada çalışan herkes sürekli yıkanır ve temiz kıyafetler giyerdi. Köpekler ve domuzlar kirli hayvanlar olarak nitelendirildikleri için tapınaklara girmeleri yasaktı. Tapınakta çalışan birçok memur ve bunların çeşitli görevleri vardı. Aralarında rahipler ve rahibeler önemli bir yer tutardı. Hititlerin inanışına göre tanrılara ne kadar iyi hizmet ederlerse, tanrılar da onlara o kadar iyi davranırdı. Memurlar tanrı heykellerini yıkamakla da görevliydi, heykellerin temiz tutulması çok önemliydi.

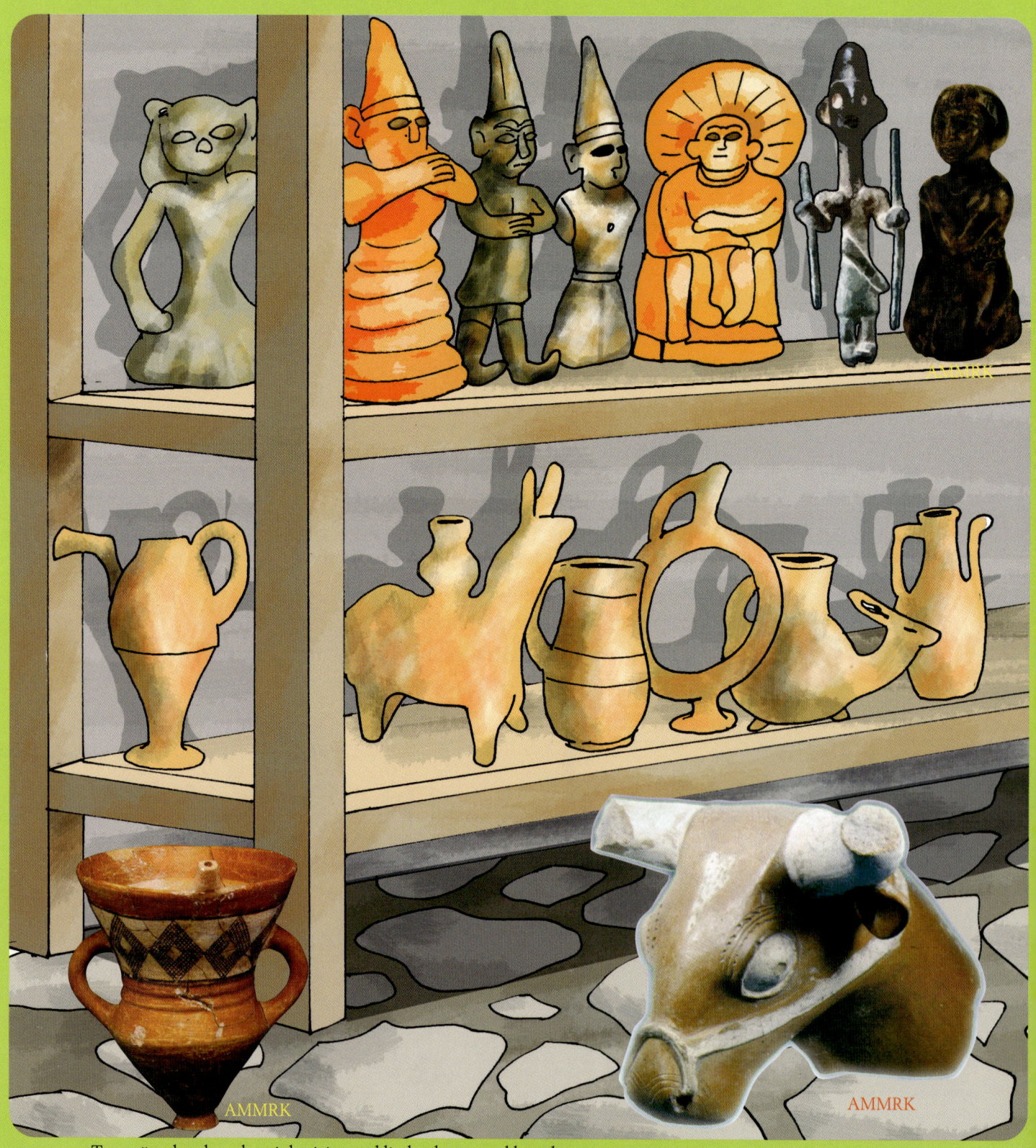

Tapınağın depolarında ayinler için gerekli olan her şey saklanırdı.

EĞLENCE VE MÜZİK

Şimdiye kadar bulunan kabartmalı vazolardan ve çiviyazılı tabletlerde anlatılan sahnelerden, Hititlerin müziği ve eğlenmeyi çok sevdiği söylenebilir. Şarkılar bazen koro şeklinde bazen de solo olarak Hititçe, Luvice, Hurrice, Palaca ve Hattice söylenirdi. Hitit toplumunda müzik, ayinlerde içki eşliğinde çalınır ve dinlenirdi. Ayinler esnasında Hititler müzik ile tanrılarla iletişim kurarlardı, tanrıları onurlandırmak için içki sunulur ve içilirdi. Şenliklerde müzik eşliğinde efsaneler de anlatılırdı; örneğin Purulliya bayramında ejderha İluyanka'nın efsanesi anlatılırdı. Ayinlerde akrobatik gösteriler ve danslar da yer alırdı. Boğa üzerinden atlama dikkat isteyen, önemli akrobatik bir hareketti. Vurmalı çalgılar arasından davul, zil, def, telli çalgılar arasında arp ve lir sık sık betimlenir. Flüt de sevilen üflemeli bir çalgıydı.

Ama bu söylenenler, günlük hayatta çiftçilerin, çobanların, annelerin veya başkalarının müzik dinlemediği veya çalmadığı anlamına gelmez, sadece onlar hakkında yazılı kayıtlar yoktur. Çobanlar koyun sürülerini yaylalara çıkardıklarında şarkılar mırıldanır, anneler çocuklarına ninniler söyler, çiftçiler de tarlada çalışırken aralarında nakaratlar söylerdi.

BAYRAMLAR

Hititlerin çeşitli bayramları vardı. Bayramlar kral ve kraliçenin eşliğinde kutlanırdı, ancak kral ülkesine uzak bir yerde seferde ise, onun yerine prensler de geçebilirdi. Bayramlara kral, kraliçe ve kraliyet ailesi mensupları dışında tapınak görevlileri, ülke beyleri ve diplomatlar katılabilirdi. Bayramlar yılın bereketli, bol mahsullü, hastalıksız geçmesi ve kralın gücünün artması için yapılırdı. Tapınaklarda tanrı heykelleri ayin için hazırlanır, özel seçilmiş hayvanlar kurban edilir, tanrılara çeşit çeşit yiyecekler, bira ve şarap sunulurdu. Purulliya bayramı yeni yıl kutlamasıydı. Yenilenme bayramında tapınaklar özellikle tamir edilirdi. Çiğdem çiçeği bayramında (Hititçe Antahşum) yeni yılın başlangıcı karşılanır ve güneş tanrıçası Arinna ile Hatti ülkesinin tanrıları için kutlamalar yapılırdı. Bayramda Hattuşa'da ve diğer önemli Hitit kentlerinde coşkulu bir tören düzenlenirdi.

Alacahöyük'ün Sfenksli kapısının giriş duvarını süsleyen bu ortostat Hititlerin ayınleri hakkında önemli bilgiler verir. Kral ve kraliçe bir sunağın üzerinde duran ve hava ve fırtına tanrısı Teşup'u simgeleyen boğanın önünde dua ederler. Özellikle Hattuşa'nın kütüphanelerinde bulunan çiviyazılı tabletler bize Hitit dönemindeki ayinler hakkında detaylı bilgiler verirler. Metinlerden başka kentlere de kopyalar gönderilirdi, bu şekilde orada ayini yönetecek rahibin ayini doğru yapması sağlanırdı. Ayinler sırasında tanrıların ruhunun heykellerin içine girdiği kabul edilir, onlar için kurbanlar kesilirdi ve çeşitli yiyecekler sunulurdu. Bayramlardaki ayinlerin masrafları Hattuşa'daki kral sarayı ve tapınaklar tarafından karşılanırdı. Her sene belirli sayıda dana ve koyun ve daha birçok gıda maddesi tapınaklara yollanırdı. Tüm Hitit şehirlerindeki bayramlar, ayinler ve kutlamalar ise Hattuşa'daki rahipler tarafından planlanırdı. Bayramlardaki ayinlerde kral ve kraliçe en başta gelirdi. Kral başrahipti. Ritüeller ise rahipler tarafından yürütülürdü ve onların da birçok yardımcısı vardı. Ayinlerde müzisyenler, dansçılar, güreşçiler, komedyenler, akrobatlar, aşçılar, sofra kuranlar ve saray muhafızları hiçbir zaman eksik olmazdı. Kral rahiplere ve diğerlerine ne yapacaklarını göz işaretleri ile söylerdi. Onlar da kralın hiçbir sözünden çıkmaz, o ne isterse yaparlardı. Ayinlerde tanrılara kendi dillerinde, örneğin Hattice, Palaca, Luvice, Hurrice dua edilirdi.

V. Bölüm

DİL

HİTİTÇE

Hititçe İngilizce, Almanca, Fransızca, Latince veya Yunanca gibi Hint-Avrupa kökenli dillerin, en eski örneklerinden biridir. Örneğin Hititçede su-*vatar* olarak söylenir. Bugün İngilizcede su-*water*, Almanca'da–*Wasser*'dir.

Hititler çiviyazısını kullanırdı. Katipler kilden yapılmış yumuşak tabletlere ucu kesilmiş bir kamış, ince bir dal veya bakır bir çubukla Hititçe yazarlardı. Tabletlerin dışında tahtadan veya fildişinden yapılmış yazı kutularının içine yayılan mumun üzerine de yazarlardı. Hititçe metalin, örneğin gümüş veya bakır kapların, kılıç veya bakır tabletlerin üzerine yazıldığı gibi taşların ve kayaların üzerine de yazılırdı.

Hititologlar çiviyazılı tabletleri okuyup kendi dillerine çevirirler.

LUVİCE

Hititçenin akraba dili Luvicedir. Luvice hem çiviyazısı olarak hem de hiyerogliflerle yazılırdı. Hititler de bu dili çok sık kullanırlardı. Hiyerogliflerle anıtlara, mühürlere veya bakır kaplara işlerlerdi. Hatta bazı teorilerde Hititçenin imparatorluğun son zamanlarında sadece yazı dili olarak kullanıldığı, halkın da Luvice konuştuğu savunulur. Palaca da Hititçe ile akraba bir dildir. Ancak şu ana kadar çok fazla örneği bulunamadı, bu yüzden Eski Hitit devrinden sonra kullanılmadığı düşünülüyor.

Luvi hiyeroglifleri kitabelerde de kullanılırdı.

HİTİTÇENİN ÇÖZÜLMESİ

Boğazköy'de yapılan kazılar esnasında binlerce çiviyazılı yumuşak tablet bulununca, bilim insanları bu yazıyı okuyabilmek için çok çaba sarf etmişlerdir. 1915'te Macar bilim adamı Bedrich Hronzny Hititçeyi çözebilmiş ve 1931'de bilim insanları tarafından ilk sözlük hazırlanabilmiştir. Hititçenin tercümesi ve belgelerin yorumlanmasıyla ilgilenen kişilere Hititolog, -yani Hitit bilimi ile uğraşanlar- denir. 1919 senesinde tabletleri okumaya çalışan Emil Forrer, Boğazköy'de bulunan tabletlerin Sümerce, Akkadca, Hurrice, Hititçe, Luvice, Palaca ve Hattice yazıldığını keşfedebilmiştir.

Luvi hiyerogliflerinin çözülmesi daha uzun sürmüş ve ancak 1930'larda bazı ipuçları bulunmuştur. Bugün Hitit kentlerinde bulunan binlerce tableti okumak için Türkiye'ye dünyanın dört yanından gelen Hititologlar vardır. Yaptıkları araştırmalar Hititlerin geçmişini, tarihini, inançlarını, örf ve adetlerini daha iyi anlayabilmemize yardımcı olurlar.

KÜTÜPHANELER VE TABLET ARŞİVLERİ

Çiviyazılı belgeler önemliydi ve genelde arşivlerde saklanırlardı. Arşiv bazen sadece büyük bir kil küp olabilirken, bazı yapılarda tabletler ayrı bir mekanda raflarda saklanırlardı. Tabletlere antlaşmalar, siyasi ve tarihi metinler, şiirler, tıbbi metinler, astronomi ile ilgili araştırmalar, efsaneler ve mektuplar yazılırdı.

Hitit kentlerinde bulunan çiviyazılı tabletlerin çeşitli dillerde yazıldığı dikkat çeker. Bu da o dönemde Hititlerin ne kadar önemli bir imparatorluk olduğunu gösterir. Arşivlerde Sümerce, Akkadca, Palaca, Luvice ve Hurrice yazılmış tabletler bulunmuştur.

BEN
KADIN
ERKEK
ÇOCUK
TANRI
KAHRAMAN
İYİ
KRAL
BÜYÜK
KRALLIK
DAĞ
KÖTÜ
AT
ORDU
EV
ŞEHİR
KONUŞMAK
GÖK

Luvi hiyerogliflerinden örnekler

VI. Bölüm
EFSANELER

ULLİKUMMİ'NİN ŞARKISI

Bu efsanede tanrı Kumarbi tanrıların kralı olan Teşup'u tahttan indirmek için Ullikummi'yi yaratır ve onu Teşup'u tahttan kovması için görevlendirir.

"Tanrı Kumarbi'nin gözü kararmıştı, ani bir şekilde sandalyesinden kalktı, eline sopasını aldı ve ayakkabılarını giydi. Urkiş kentinden hızlı adımlarla ayrıldı ve çeşmeye ulaştı ki bu çeşmenin adı Soğuk idi. Kuyunun içinde çok büyük bir kaya bulunuyordu, Kumarbi bunu görünce ona sevgi duydu. Zaman geçti, gece oldu ve kaya Kumarbi'nin oğlunu doğurdu. Kumarbi doğan oğlunun adını Ullikummi koydu. 'Oğlum Ullikummi! Göklere yükselecek, güzel Kummiya şehrini ayakları altına alacak. Tanrı Teşup'u dövecek ve paramparça edecek, bir karınca gibi onu yerde ayaklarıyla ezecek!" diye haykırdı. Kumarbi tanrıça İmpaluri'den Ullikummi'yi yeraltı dünyasında diğer tanrılardan saklamasını istedi. İmpaluri ise İrşirra tanrıçalarına "Bu çocuk iyi beslenecek, her gün boy atacak, ayda 15 metre büyüyecek ve Upelluri'nin sağ omuzuna oturtulacak" emrini verdi. Ana tanrıçalar Ullikummi'yi büyüttüler. Ullikummi artık o kadar büyümüştü ki, denizin ortasında durduğunda dalgalar beline geliyordu, bir kule gibi göğe değiyordu ve tanrıların tapınaklarını ve evlerini gördü. O sırada güneş tanrısı aşağı baktı ve Ullikummi'yi gördü, Ullikummi de yukarı baktı ve güneş tanrısını gördü. Güneş tanrısı dev kayayı görünce koşa koşa Teşup'a gitti. Gördüklerini Teşup'a anlattı. Teşup duyduklarını inanamadı. Kız kardeşi Şauşga ile Hazzi dağına çıktı ve tepeden bakınca diorit taşından olan Ullikummi'yi gördü. Onu görünce gözlerine yaş geldi ve "Ben bu yaratığı nasıl yenerim, bu imkansız.

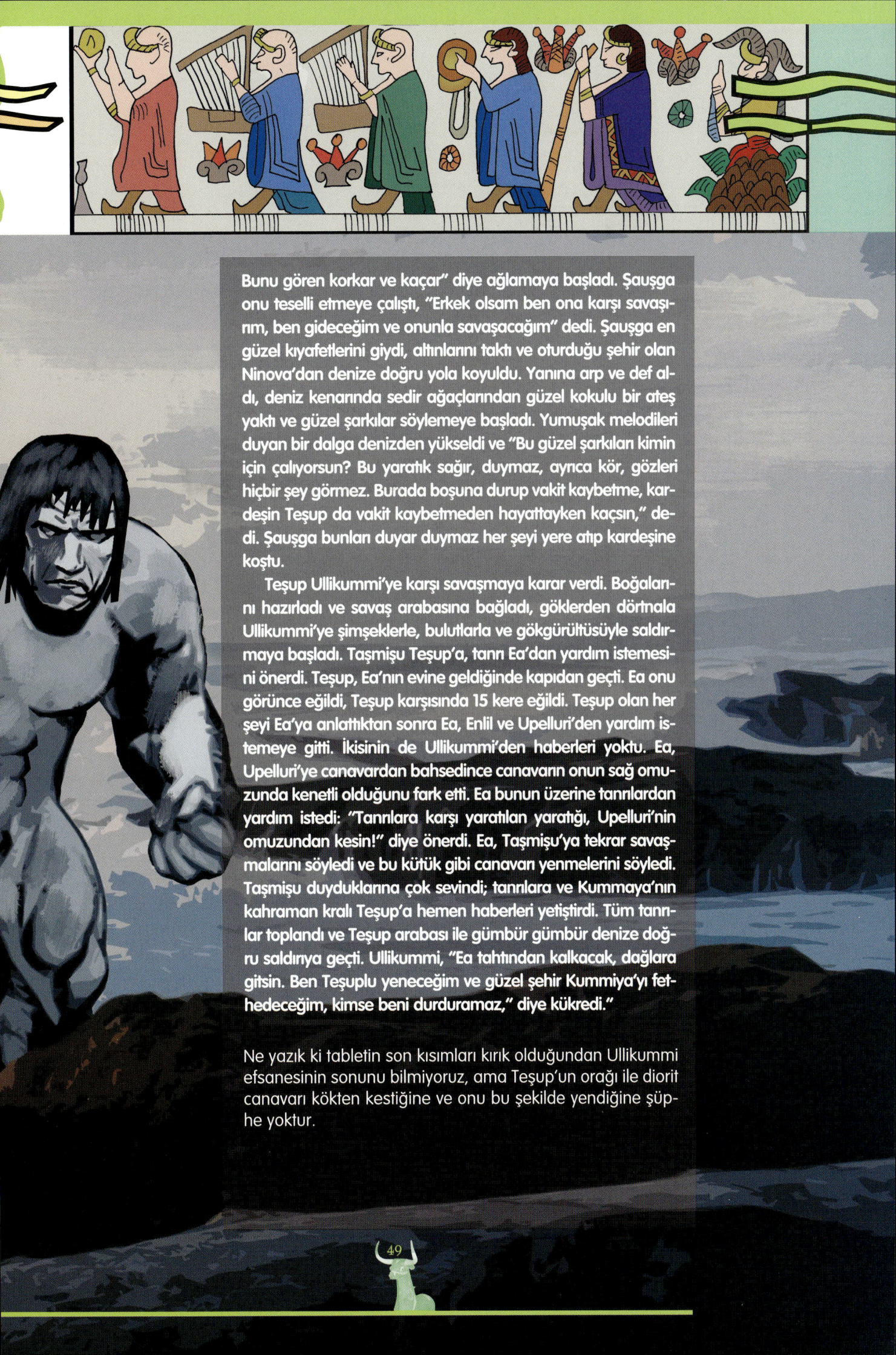

Bunu gören korkar ve kaçar" diye ağlamaya başladı. Şauşga onu teselli etmeye çalıştı, "Erkek olsam ben ona karşı savaşırım, ben gideceğim ve onunla savaşacağım" dedi. Şauşga en güzel kıyafetlerini giydi, altınlarını taktı ve oturduğu şehir olan Ninova'dan denize doğru yola koyuldu. Yanına arp ve def aldı, deniz kenarında sedir ağaçlarından güzel kokulu bir ateş yaktı ve güzel şarkılar söylemeye başladı. Yumuşak melodileri duyan bir dalga denizden yükseldi ve "Bu güzel şarkıları kimin için çalıyorsun? Bu yaratık sağır, duymaz, ayrıca kör, gözleri hiçbir şey görmez. Burada boşuna durup vakit kaybetme, kardeşin Teşup da vakit kaybetmeden hayattayken kaçsın," dedi. Şauşga bunları duyar duymaz her şeyi yere atıp kardeşine koştu.

Teşup Ullikummi'ye karşı savaşmaya karar verdi. Boğalarını hazırladı ve savaş arabasına bağladı, göklerden dörtnala Ullikummi'ye şimşeklerle, bulutlarla ve gökgürültüsüyle saldırmaya başladı. Taşmişu Teşup'a, tanrı Ea'dan yardım istemesini önerdi. Teşup, Ea'nın evine geldiğinde kapıdan geçti. Ea onu görünce eğildi, Teşup karşısında 15 kere eğildi. Teşup olan her şeyi Ea'ya anlattıktan sonra Ea, Enlil ve Upelluri'den yardım istemeye gitti. İkisinin de Ullikummi'den haberleri yoktu. Ea, Upelluri'ye canavardan bahsedince canavarın onun sağ omuzunda kenetli olduğunu fark etti. Ea bunun üzerine tanrılardan yardım istedi: "Tanrılara karşı yaratılan yaratığı, Upelluri'nin omuzundan kesin!" diye önerdi. Ea, Taşmişu'ya tekrar savaşmalarını söyledi ve bu kütük gibi canavarı yenmelerini söyledi. Taşmişu duyduklarına çok sevindi; tanrılara ve Kummaya'nın kahraman kralı Teşup'a hemen haberleri yetiştirdi. Tüm tanrılar toplandı ve Teşup arabası ile gümbür gümbür denize doğru saldırıya geçti. Ullikummi, "Ea tahtından kalkacak, dağlara gitsin. Ben Teşuplu yeneceğim ve güzel şehir Kummiya'yı fethedeceğim, kimse beni durduramaz," diye kükredi."

Ne yazık ki tabletin son kısımları kırık olduğundan Ullikummi efsanesinin sonunu bilmiyoruz, ama Teşup'un orağı ile diorit canavarı kökten kestiğine ve onu bu şekilde yendiğine şüphe yoktur.

TANRI TELIPINU'NUN EFSANESİ

Kuvvetli delikanlı anlamında olan Telipinu, Hititlerin bereket tanrısıdır. Hattuşa arşivlerinde bulunan kil tablet üzerinde, ince çiviyazısıyla tanrı Telipinu'nun bir gün kaybolması ve bunun üzerine bereketin durması anlatılır.

"Tanrı Telipinu bir sabah hiç sebep olmadığı halde büyük bir öfke ile uyanır ve bunun üzerine şehri terk eder. Telipinu'nun şehri terk etmesiyle şehri sis basmaya başlar, evler duman içinde kalır, nehirler, ağaçlar, tarladaki ekinler kurur, arılar bal yapamaz hale gelir, hayvanlar çiftleşemez, insanlar birbirlerinden soğur ve çocuklar dünyaya gelemez, kısacası tüm bereket durur. İnsanlar ve tanrılar besinsiz ve aç kalmaya, açlıktan ölmeye başlar. Büyük güneş tanrısı bir davet hazırlatır ve ülkenin 1000 tanrısını davet eder. Tanrılar yemek yerler ama doymazlar, içerler ama susuzlukları geçmez. Bunların hepsi Telipinu şehri terk ettiğinden dolayı olmuştur. Tanrılar topluluğu bereketin tekrar başlaması için tanrı Telipinu'yu bulma kararı alır. Güneş tanrısı, "Ben kartalımı yollayacağım, kanatları o kadar geniş ki gözünüzün görmediği uzaklara uçar," der ve kartalını yollar. Kartal günlerce uçar ama Telipinu'yu, bulamadan geri döner. Anne tanrıça Hannahanna, "Ben tanrı Taru'yu göndereceğim, o Telipinu'yu kesin bulur," der. Gönderir ama o da Telipinu'yu bulamadan geri döner. Bunun üzerine tanrıça Hannahanna kaybolan tanrıyı bulması için bir arıyı yollamaya karar verir ve arıya tanrıyı bulduğunda onu mumuyla temizlemesini söyler. Fırtına tanrısı tanrıça ile alay eder ve der ki: "Büyük tanrılar ve küçük tanrılar Telipinu'yu bulamadı, bu minik arı bir tanrıyı nasıl bulacak? Kendisi küçük olduğu gibi kanatları da küçük!" Ama tanrıça kendinden çok emin bir şekilde konuşarak "Benim arım Telipinu'yu kesin bulacaktır. Bekleyin ve görün," der. Arı günlerce uçar, susuz ve aç kalır, çok yorulur, ama sonunda Telipinu'yu geniş bir çayırın üzerinde uyurken bulur. Onu görür görmez son gücü ile uyanması için kollarından ve ayaklarından sokar ve onu kendi mumuyla temizler. Bu olanlara çok kızan Telipinu bu sefer ülkede daha çok zarar yaratır. Bunun üzerine tanrıça Kamrusepas Telipinu'nun geri dönmesi için onu temizleyen ve sakinleştiren bir büyü yapar ama o da başarısız olur. Tanrılar sonunda çaresiz kalıp bir insandan yardım isterler. Bu kişi başarılı olur ve Telipinu şehre geri döner. Telipinu şehre döndükten sonra tarladaki ekinler yine yeşermeye, hayvanlar çiftleşmeye başlar, derelerden taze sular akar, tanrılar ve insanlar yedikleriyle doyar, çiçekler tekrar çiçek açar ve insanlar birbirlerini yine sevmeye başlar ve çocuklar dünyaya gelir."

VII. Bölüm
EKONOMİ

HİTİTLERDE EKONOMİK SİSTEM

Ekilip biçilen araziler saraya ve tapınağa aitti. Tarlalarda çok miktarda arpa ve buğday ekilirdi. Hasatta elde edilen ürünler çiftçiler tarafından sarayda ve tapınaklarda bulunan veya sarayın yakınındaki ambarlara taşınır, burada da ürünler sıkı denetim altında korunurdu. Tahıllar önemli ve değerli bir hazineydi, çünkü insanlar bundan beslenirdi. Hatta Hititler büyük açlık dönemlerinde Mısır firavunundan buğday istemişlerdi. Tahıllar büyük ambarlarda saklanırdı, bunlar genelde korunaklı surun hemen arkasında bulunurdu. Ambarlardaki miktarlar tabletlere yazılıp denetlenirdi, çalışan işçilere maaş olarak tahıl verilirdi.

Avlanan hayvanların her şeyinden faydalanılırdı. Derisinden ayakkabı, kıyafet, kemiklerinden düğme ve aletler yapılırdı, eti ise yenirdi.

HİTİTLER DÖNEMİNDE HAYVAN VE BİTKİ ALEMİ

Hititlerin yaşadığı dönemlerde, günümüzden yaklaşık 3700 ila 3200 sene önce, Anadolu'nun büyük bir bölümü ormanlıktı, ancak özellikle son 150 sene içinde büyük bir bölümü kesip biçilen ağaçların yerine yeni ağaçlar ekilmediğinden, ormanların sayısı parmakla gösterilecek kadar azalmıştır. Ormanlar ekolojik sistemin bir parçasıdır, ormanlar olmazsa su kaynakları olmaz, ormanlar olmazsa yağmur yağmaz, su olmazsa hayat olmaz. Ormanların hayat için çok önemli olduğunu Hititler de anlamış ve ormanları da ağaçları da kutsallaştırmışlardır; hatta tanrılardan izinsiz ormanlardan ağaç kesenlerin, çalanların ve bu keresteleri ev yapımında kullananların evlerinin sağlam olmadığına inanırlardı. Özellikle son 200 sene içinde bilinçsiz ağaç kesiminden dolayı bugün birçok Hitit kentinin etrafında ormanlık kalmamıştır. Bu yüzden Hititlerin yaşadıkları kentleri ziyaret ettiğinizde bir zamanlar buraların gür ormanlarla kaplı olduğunu hayal etmeye çalışın! Bu gür ormanların içinde aslanlar, kaplanlar ve ayılar yaşardı. Hititlerin başkentinde Aslanlı Kapı'da bulunan aslan heykelleri Hititli ustaların aslanları gözleyip yaptıkları muhteşem heykellerden bir örnektir. Zincirli'de de aynen öyledir. Göğüs kıllarını ve bıyıklarını çok detaylı işleyen ustalar aslanların avlarını nasıl yakaladıklarını da izleyip bunları bakır kapların üzerine işlemişlerdir. Aslan ve kaplanların dışında ayı, bizon, geyik, ceylan, yabani koyun, keçi, çeşit çeşit kuşlar, sürüngenler ve böcekler bu ormanlarda yaşardı. Ama bu saydığımız hayvanların çoğunun nesli geçtiğimiz yüzyıl içinde tükenmiş, geride çok az sayıda hayvan kalmıştır, aslanların ve kaplanların soyu ise tamamen tükenmiştir.

Hititler çiçeklere, özellikle de çiğdem çiçeğine çok önem verirlerdi. Çiğdem çiçeği baharın habercisi olarak da anılır; uzun ve soğuk bir kıştan sonra ilk açan çiçektir.

HİTİT MUTFAĞI

Hayatta kalabilmek ve sağlıklı bir hayat yaşamak için sağlıklı ve dengeli beslenmek gerekir, Hititler de bunun bilincindeydi. Örneğin bir insanın sadece sebze ve ekmek yediğinde hastalandığını ve güçlü olması için et yemesi gerektiğini bir Hititli doktor kil tabletlere yazmıştır.

Hititlere ait bir yemek kitabı henüz bulunamadıysa da, çeşitli tabletlerden neler yediklerini öğrenebiliriz; ancak gıdaları nasıl ve hangi baharatlarla karıştırdıkları bilinmiyor, ama bugün bizim yediklerimizden çok farklı olsalar gerek.

Hititler tarım ve hayvancılığa çok önem verirlerdi. Koyun, keçi, sığır ve az miktarda domuz eti yedikleri bilinir. Değerli ve az bulunan et çok sık yenmezdi. Sakatat da çok sevilen bir yemek türüydü.

Etleri nasıl pişirirlerdi? Çiviyazılı tabletlerden etleri kaynattıkları, ateş üzerinde kızarttıkları ve bir çubuğa geçirerek ateşin üzerinde döndürerek pişirdikleri biliniyor. Izgara etlerin tadını artırmak için üzerine zeytinyağlı ve ballı bir sos dökerlerdi. Ciğer ve yürek tuzlanır, una bulanır ve kızartılırdı, aynen bugün yaptığımız gibi. Hititler kızarmış etli sandviç ve kızarmış keçi kulaklı sandviç de yerlerdi. Tahıllar ana besinlerdendi. Buğday ve arpa Hitit mutfağında ve beslenmede çok önemli bir yer tutardı. Kentlerin ve köylerin etrafındaki tarlalara buğday ve arpa ekilir, mahsul ise tapınakta ve kentin bazı bölümlerinde bulunan çok büyük küplerde ve silolarda saklanırdı. Buğdayların kayıtları titizlikle tutulur ve bir kısmı saray çalışanları ve halka dağıtılır, bir kısmı tohum olarak tarlalarda kullanılır, büyük bir bölümü de kuraklık dönemlerindeki açlık tehlikesine karşı saklanırdı. Tahıllardan çeşitli ekmekler, pastalar, makarnalar ve çorbalar yapılırdı. Bulgur, bezelye, nohut, bakla, soğan, sarımsak, kimyon, susam, mercimek, üzüm, nar, fındık, ceviz, kiraz, salatalık, peynir, tereyağı, bal, bira ve şarap Hititlerin sofrasında bulunan gıda maddelerinden bazılarıdır.

Anadolu'da hayvancılık önemini halen korumaktadır.

ÇANAK ÇÖMLEK

Gaga ağızlı testi Alacahöyük'te bulunmuştur. M.Ö. 17.-16. yüzyıla aittir ve Hitit kırmızı sırlı seramiklerinin tipik bir örneğidir. AMMRK

Pişmiş topraktan olan çift ördek başlı kap Hitit seramik ustalarının hünerlerinin göstergesidir. Hattuşa'da bulunan bu kap M.Ö. 14. yüzyıla aittir. AMMRK

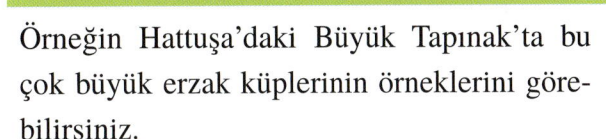

Günlük hayatta kullanılan kapların, kaselerin, testilerin ve tabakların parçaları kazılarda sık sık bulunur ve bunların sayesinde Hititlerin nasıl bir mutfak ve yemek takımı kullandığını görebiliriz. Kilden yapılan bu çanak çömlekler çabuk kırıldığından dolayı muhtemelen çok tüketiliyordu. Gaga ağızlı testiler parlak kırmızı sırlıdır ve Hitit sofralarına ayrı bir güzellik katmıştır. Büyük ve küçük tencereler, tavalar, küçük kil ocaklar tüm ev hanımlarının mutfağında mutlaka bulunurdu, sofrada ise fincan, tabak, kase, çorba kaseleri ve maşrapalar eksik olmazdı. Çiviyazılı tabletlerden çanak çömlek ustalarının saraya veya tapınağa bağlı çalıştıklarını öğreniyoruz. Çanaklar devetüyü, kahverengi veya koyu portakal renkli olabilirdi.

Çanak çömlekler hızlı dönen bir çark üzerinde yapılırdı ve daha sonra yüksek ısıda, bir fırında pişirilirdi. Tapınaklarda çok büyük erzak küpleri olurdu, bunların içinde buğday, baklagiller, yağlar, bira ve şarap saklanırdı. Örneğin Hattuşa'daki Büyük Tapınak'ta bu çok büyük erzak küplerinin örneklerini görebilirsiniz.

Hititlerin hayvan merakı ve sevgisi hayvan şeklindeki kaplarda da görülür. Kedi, boğa, ördek biçiminde içki kapları muhtemelen ayinlerde kullanılmıştır ve bunlara Hititçede "bibru" denir. Hayvan başlı kapların ağız kısmında deliği olanlara riton denir.

Hititli ustaların bir başka uzmanlığı kabartmalı vazolar hazırlamaktı. Bunun için çark üzerinde şekillendirilmiş bir vazonun üzerine anlatılacak olan sahne kilden hazırlanır, yapıştırılır ve pişirilmeden önce boyanırdı. Büyük kabartmalı vazolar özellikle Eski Hitit döneminde ayinlerde kullanılırdı. En güzel örnekleri İnandık'ta ve Çorum yakınlarındaki Hüseyindede'de bulunmuştur.

Seramik ustaların el becerisi, yaptıkları boğa biçimli kaplardan anlaşılır. Fırtına tanrısının kutsal boğaları olan Hurri ve Şerri ayinler sırasında kullanılırdı.

Gülen kedi başı şeklindeki kabın törenlerde kullanıldığı düşünülmektedir. Alişar'da bulunan 8,9 santim yüksekliğindeki bu muhteşem kap M.Ö. 17.-16. yüzyıla tarihlenir ve zamanında insanların kedilere de çok önem verdiklerinin göstergesidir. AMMRK

TİCARET

Tüccarlık önemli bir meslekti. Tüccarlar Hitit devletinin kanunları tarafından korunurdu ve bir tüccarı öldürenler en ağır cezalara çarptırılırdı. Tüccarların bir kısmı tapınak ve kral için çalışırdı. Özellikle Doğu Akdeniz kıyılarında bulunan Hitit kentleri ya da Hitit egemenliği altındaki kentler ticaret ağına bağlıydı ve önemli bağlantı noktalarıydı. Limanlara yanaşan gemiler Akdeniz'de uğradıkları tüm kentlerden ve yörelerden mallar taşır ve bunları başka ülkelere satarlardı. Suriye'nin Batı sahilindeki Ugarit (bugün Ras Şamra olarak bilinir) önemli bir ticaret kentiydi. Hitit egemenliği altında olan bu kent, Hitit kralına senelik vergi öderdi. Buraya uzaktan veya yakından gelen tüccarlar mal satar ve limana yanaşan gemilerden mal alırlardı. Ugaritlilerin ihraç ettiği malların arasında şarap ve zeytinyağı bulunurdu. Önemli ve değerli mallar arasında öküz gönü (derisi) biçiminde bakır külçeler yer alırdı.

Eski Hitit dönemine ait bu testinin ağzında süzgeç vardır. Büyük ihtimalle şarap veya bira için kullanılmıştır. M.Ö. 17. yüzyıl. AMMRK

Doğu Akdeniz'de Ticaret

M.Ö. 1350'lerde Doğu Akdeniz ticareti çeşitli krallıkların kontrolü altındaydı. Hititler Ugarit kentini egemenlikleri altına alarak önemli bir limana sahip olmuşlardı. Buraya Akdeniz'de dolaşan ticaret gemileri uğrar, her yöreden gelen tüccarlar burada buluşur ve alım satımla uğraşırdı. Ugarit çok zengin bir kentti ve vergisini Hattuşa'ya altın olarak gönderirdi. Ugarit'in o hareketli günlerinde limanda bazen beşten fazla farklı dil işitmek mümkündü, Hititçe, Mısırca, Ugaritce, Mikence, Luvice vb. Gemiler Akdeniz'in rüzgarına ve akıntılarına bağlıydılar. Ancak uygun rüzgarlarla yola çıkar ve sahil sahil dolaşırlardı. Yelkenlerini açıp rüzgarın estiği yönde denizin üzerinde süzülüp, uzun yolculuklarına koyulurlardı. Yola çıkmadan geminin koruyucu tanrıçasına ayin yapılır ve ondan yolların açık ve korsansız olması dilenirdi. Ancak gemiler bazen beklenmedik bir şekilde fırtınaya yakalanırlardı, bazı gemiler fırtınaları yener ama bazıları da yenik düşer ve Akdeniz'in azgın dalgaları içinde batardı.

Ticaret yapan gemilerin sarayların ve kralların denetimi altında olduğu düşünülmektedir. O dönemlerde toplumlar hediye değiştokuşu yapmaktaydı ve muhtemelen krallar bu gemilerle birbirlerine değerli hediyeler gönderiyorlardı.

> O dönemde Hititler henüz parayı para olarak tanımıyorlardı, ama para yerine geçen gümüş çubuklar veya külçeler vardı, bunlara sekel ve mine denirdi. Ayrıca her türlü mallarla değiştokuş da yapılırdı. Her malın fiyatı belliydi. 1 sekel ise 8 gram gümüştü. Bir katırın fiyatı ise 1 mineydi, 1 mine de yaklaşık 40 sekel, yani 320 gram gümüşe eşittir. 1 yaşındaki bir öküz 12 sekel veya bir koşum atı 20 sekeldi.

Geç Tunç Çağı'nda tunç ticareti yapılırdı. Tunç çok önemli bir madendi, ve bu özellikle silah yapımında önemli bir malzemeydi.
INA/Cemal Pulak

SUALTI ARKEOLOJİSİ

Ege'de ve Akdeniz'de sünger veya balık avı için dalan balıkçılar denizin dibini herkesten iyi bilir. Onlar olmasaydı belki Doğu Akdeniz'de M.Ö. 1300'lerde dolaşan ama bir fırtına sonucu batan ticaret gemisi bulunamayacaktı. Sadece Uluburun Batığı değil, Gelidonya Batığı ve Bizans, Osmanlı dönemlerine ait batıklar da çoğu zaman sünger avcıları tarafından tespit edilmiştir.

Sualtında çalışan arkeologlar dalgıç eğitiminden geçtikten sonra tüplerle denizin dibine inip batığın kazısına başlarlar. Sadece kısa bir süre denizin dibinde kalabilen arkeologlar özel malzemelerle kazı yaparlar, bulduklarını kaydederler ve poşetlere koyarlar. Ağır ve büyük parçalar balonlarla su yüzeyine çıkartılır.

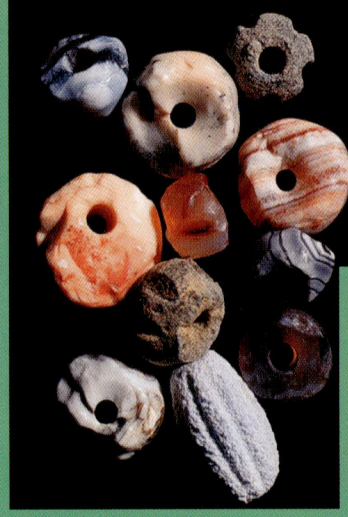

Resimler: INA/Cemal Pulak

Uluburun Batığı

1982'de Uluburun'da sünger çıkarmak için dalan Bodrumlu bir süngerci öküz gönü şeklindeki tunç külçeleri görünce heyecanlanıp hemen müzeye bildirmişti. Kaş yakınlarında Uluburun'da bulunan batık dünyanın en önemli batıklarından biri ve Doğu Akdeniz'de bulunan en önemli batıktır.

Uluburun gemisinin muhtemelen Lübnan Filistin sahillerinden M.Ö. 1300-1200'lerde yola çıktığı düşünülüyor. Nereye gittiği bilinmese de batıya doğru yol aldığı kesin olarak söylenebilir. Tüm Doğu Akdeniz ülkelerinden topladığı değerli hammadde ve malzemeleri ya uğradığı limanlarda satıyor ya da hepsini sadece bir kente taşıyordu.

11 sene süren kazılarda bulunan eserlerin arasında 10 ton tunç ve 1 ton kalay külçe, Suriye-Filistin yapımı amforalar içinde menengiç ağacı reçinesi, kobalt mavisi, turkuaz, eflatun ve kehribar renklerinde cam külçeler, fildişi, devekuşu yumurtaları, abanoz kütükleri, fayans ve fildişi eserler, altın ve gümüş takılar, çanak çömlekler, tunç aletler ve silahlar taşıyordu. Bu mallar doğudan batıya nakledilmek üzere gemiye yüklenmişti. Büyük küplerin içinde taze nar ve zeytinyağı taşınıyordu. Gemide sadece prestijli mallar, krallara layık eşyalar bulunuyordu. Kapakları ahşaptan, menteşeleri fildişinden yapılmış bir yazı kutusu o dönemde kil tabletlerin dışında başka yazı malzemelerinin de kullanıldığına işaret eder. İki kapağı da açılınca iç taraflarına orpimentin minerali ile karıştırılmış balmumu sıvanır ve üzerine yazılırdı. Karıştırılan mineral muma renk verirdi ve böylece yazılanlar rahatça okunurdu. Gemide yiyecekler de vardı, bunların arasında tahıllar, badem, çam fıstığı, incir, zeytin, üzüm, sumak, kimyon ve çörekotu tespit edilmiştir. Uluburun batığının buluntularını ve geminin bir modelini Bodrum Kalesi'nde Sualtı Müzesi'nde görebilirsiniz.

VIII. Bölüm
MESLEKLER

Halkın büyük bir kısmı hayvancılık ve tarım ile uğraşırdı. Çiftçiler tapınak tarlalarını sürer, hasadı tapınağa teslim ederdi; hayvancılık ile uğraşan çiftçiler ise süt, et, yün ve deri üretiminden sorumluydular. Tapınağa ve krala bağlı değişik mesleklere sahip memurlar vardı. Bunların bazıları tapınak yakınlarında bulunan atölyelerde çalışırlardı. Boğazköy'de Büyük Tapınak etrafında bulunan uzun dikdörtgen odaların atölye olarak kullanıldığı düşünülüyor. Tüccar, doktor, marangoz, kuyumcu, bakırcı, mühür ustaları, çömlekçiler, dokumacılar, kumaş boyayanlar, hasırcılar, bira imalatçıları, duvar ustaları bu mesleklerden bazılarıdır.

YAZICILIK

Yazıcılık genelde babadan oğula geçerdi. Mezopotamya'da bilinen yazıcılık okullarının Hititlerde de var olduğundan emin olunamamaktadır. Yazıcılığın evde veya sarayda seçilmiş kişilere öğretildiği düşünülmektedir. Ancak birçok öğrenciyi birleştirmek herhalde hocaların da işini kolaylaştırıyordu. Yazıcılar sarayda çalışan memurlardı, bazıları tıp ile de uğraşır, bazıları ise siyasete de katılırdı.

DOKTORLAR VE TIP

Hititler tıp ile ilgili bilgilerini Mısır ve Mezopotamya'dan almışlardır. Sık sık hastalanan Kral III. Hattuşili Hitit doktorlarını yetersiz bulup, hastalandığında Mısır firavununa mektup yazmış ve en iyi doktorları göndermesini istemiştir. Hititçede doktor için,"vücuda direnç sağlayan kimse" denirdi. Tıp ile uğraşan kişiler aynı zamanda da yazıcıydı; III. Hattuşili dönemindeki Mitannamuva buna bir örnektir. Mezopotamya'da da görüldüğü gibi Hititlerde de tıp büyü ile ilişkilidir, yani hastalara ilaç vermek yerine iyileştirici büyü yapılırdı.

Mühürler sadece taştan, kilden değil değişik metallerden de yapılırdı. Örneğin Alacahöyük'te bulunan bu altın mühür yüzük gibi. Mührün üzerinde Lalasu ismi yazmaktadır. AMMRK

MÜHÜR USTASI

Mühür ustaları yarı değerli taşlara, kile, çeşitli metallere mühür sahibinin ismini çiviyazısı veya hiyeroglif ile yazar. İsimlerin etrafına da hayvan veya insan figürleri yerleştirirlerdi. Şimdiye kadar bulunan mühürleri araştıran bilim adamları, çiviyazısının sadece kral, kraliçe veya bazı kral ailesi üyelerinde kullanıldığını keşfetmiştir. Mühürler ne için kullanılırdı? İmza yerine, mülkiyet göstergesi olarak kullanılırlardı. Mühürler ayrıca güvenlik garantisiydi; tüccarlar bir kentten diğerine mal yollarken bir kil parçasına mühürlerini basıp, çuvalları mühürleyerek bağlarlardı. Diğer taraftaki tüccar ancak mühür bozulmamışsa malları kabul ederdi. Üzeri mühür baskılı kil parçalarına bulla da denir.

62

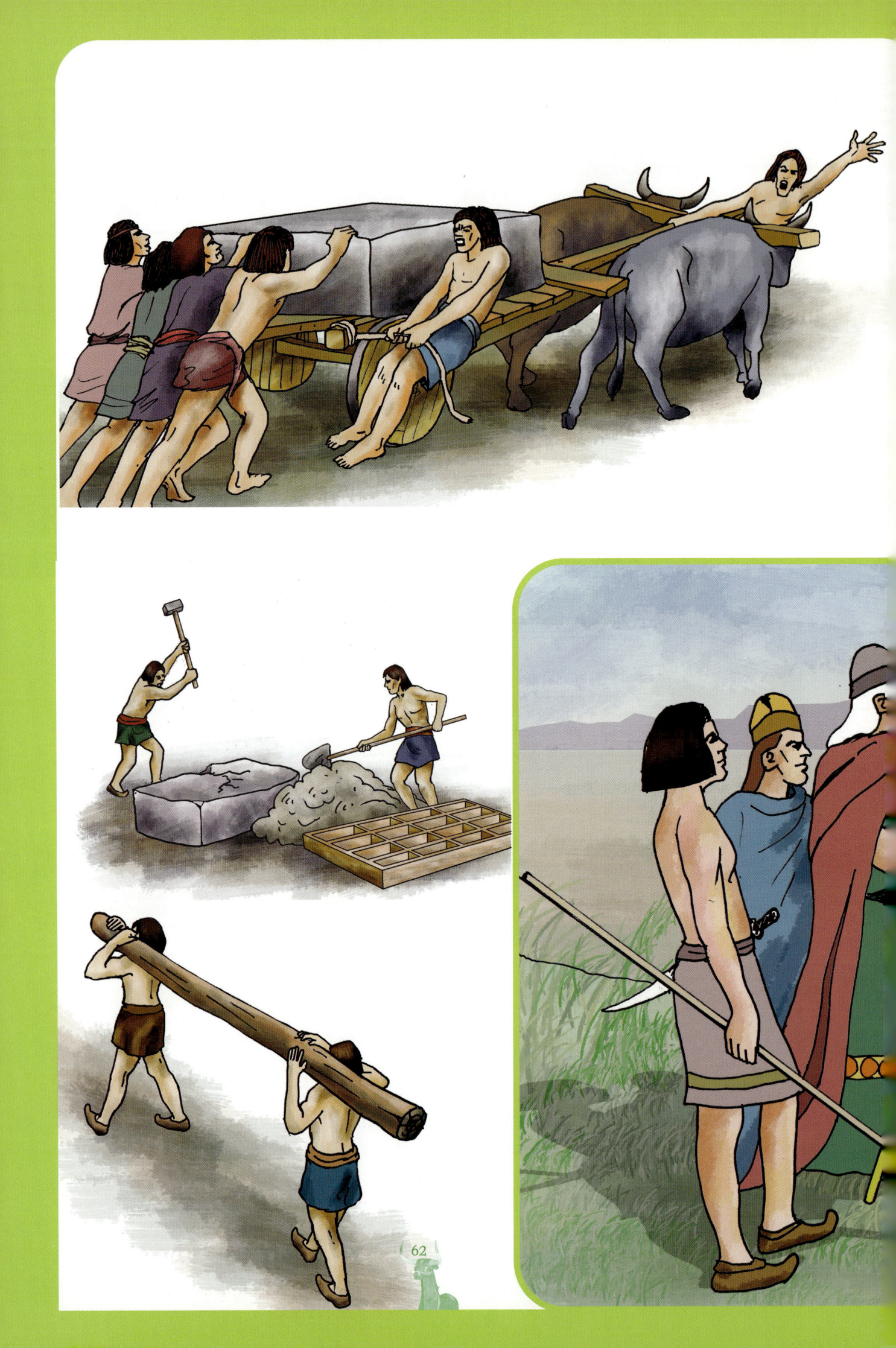

MİMARLAR ve MİMARLIK

Hitit kentlerinin kalıntılarını gezdiğimizde gözümüze ilk çarpan şey devasa yapıların kalıntılarıdır. Ancak çoğunlukla sadece taş temelleri günümüze ulaşmıştır. Bazen kalıntılara baktığımızda bu yapının bir zamanlar ne kadar devasa olduğunu, kalıntıların yayıldığı geniş alandan anlayabiliriz. Hititler yapılarını çok sağlam inşa ederlerdi. Temelleri büyük taşlardan yapılır, taşların üzerine de ahşap ve kerpiçlerden oluşan bir duvar örülürdü. Bu teknik Anadolu'nun birçok köyünde hala kullanılmaktadır. Çatıları ise düzdü. Bunun için kalın ağaçları yan yana koyup birbirlerine bağlarlardı. Sonra da saman ve toprak ile çatıyı düzleştirirler ve yağmurun evin içine girmemesini sağlarlardı.

En önemli mesleklerden biri mimarlıktı. Bir mimar bir şehir planlayabildiği gibi, sadece bir yapıyı da tasarlayabilirdi. Mimarlar genelde önemli anıtsal binaları, örneğin tapınak, saray, tahıl deposu veya surları neredeyse her Hitit kentinde birbirine benzer bir şekilde inşa ederlerdi. Kentten kente seyahat eden Hititler uzaktan dahi bir Hitit kentini tanıyabilir ve bir yapıya baktıklarında tapınak mı yoksa saray mı olduğunu anlayabilirlerdi. Mimarlar şehirleri ciddiyetle planlar ve kent kapılarının, anıtsal binaların ve konutların nerede inşa edileceğini önceden belirlerlerdi. Yanlarında onlara yardım eden taş ve ahşap ustaları da bulunurdu.

Çorum Müzesi'ndeki bu örnek Hititlerin duvar tekniğini canlandırmaktadır.

YAPI TEKNİKLERİ

Hititler hem çok iyi mimarlardı, hem de çok da iyi inşaat mühendisleri... İnşa ettikleri yapılar o kadar sağlamdı ki kalıntıları günümüze kadar ulaşmıştır. Hitit kentlerini gezerken bazı taşların üzerinde delikler dikkatinizi çekecektir. Delikler Hitit ustaları tarafından ustaca kullanılan bir matkabın yardımı ile açılırdı.

Matkap nasıl kullanılırdı? Delik açılacak yer seçilirdi ilk önce. O yere iki usta ahşap bir iskele kurardı. Deliğin gerektirdiği kalınlıkta bir bakır boru taşın üzerine konulurdu. Borunun etrafına kalın bir ip sarılır ve bu ip her iki tarafından da iskeleye bağlanırdı. Her bir tarafında duran ustaların ipi karşılıklı çekmesi ile ortadaki boru taşı delmeye başlardı. Deliğin daha kolay açılması için su ve ince kum da yardımcı malzeme olarak kullanılırdı. Bu şekilde 6-8 saat çalışmayla 3,5 santim derinlikte delikler açılırdı. Delik açıldıktan sonra iskele kaldırılır ve açılan deliğin içindeki taş çubuk kırılırdı.

Bu delikler neden taşlara açılırdı? Taşıyıcı ahşap direkleri yerleştirmek veya bir taş temelin üzerine kurulacak kerpiç duvarın altına konulan ahşap kütükleri ahşap çivilerle tutturmak için kullanılırlardı. Bu şekilde duvar daha sağlam olurdu. Hititler anıtsal yapılarını ve konutlarını bugün Anadolu'da hala kullanılan malzeme ve tekniklerle inşa ederlerdi. Temeller için taş, duvarları için kerpiç ve ahşap kullanırlardı. Binaların çatıları ise düzdü. Pencerelerin etrafında ahşap çerçeveler bulunurdu. Hitit ev betimlemelerinde pencerelerin kafeslerle kapatıldığını görebiliriz. Henüz camın olmadığı dönemlerde, kışların çok karlı geçtiği Hatti ülkesinde insanlar evlerine soğuğun girmemesi için pencerelerini bu şekilde kapatırlardı.

Boğazköy'de hala kerpiç evler bulunur.
Bunların da temelleri taştan, duvarları kerpiç ve ahşaptan yapılır.

Çorum Müzesi'nde Hitit matkap örneği

Zıvana delikleri

DÖKÜM

Tehlikeli ve çok dikkat gerektiren bir diğer meslek dökümcülüktü. Dökümcüler bakır ve demir gibi metalleri, çok sıcak bir ateşte sıvı haline getirip kalıplara dökerlerdi. Kalıplar taştan veya kilden yapılırdı. Ok uçları, baltalar, takılar ve daha birçok alet bu şekilde seri halde üretilirdi.

Üç boyutlu objeler ise farklı bir yöntemle yapılırdı. Bu yöntem bugün bile hala kullanılmaktadır. Obje mumdan kesilir, etrafı kil ile kaplanır ve içine altın, gümüş, bakır veya demir dökülürdü. Kil kalıbın içindeki mum heykel sıcakta erir ve dökülen sıvı metal onun şeklini alırdı. Bu şekilde istenilen malzemeden heykeller yapılırdı.

TAŞ USTALARI

Taş ustaları saraya bağlı memurlardı. Bazı taş ustaları taşocaklarında taşları kayalardan ayırırlardı, bazıları sarayların duvarlarındaki taşları işler ve aralarından kağıt dahi geçememesi için sıkı sıkı birleştirirlerdi. Elleri sanata yatkın hünerli taş ustaları, taştan heykeller ve kabartmalar yaparlardı. Bunun için bir kaya parçasının her iki yanı düzleştirilir ve kabaca istenilen sahne işlenirdi. Göz, dudak, kas, mimik, kıyafet desenleri gibi ince ayrıntılar daha sonra heykelin veya kabartmanın duracağı yerde işlenirdi.

Bazı taş ustaları da kralla beraber seyahat ederdi. Bunlar gittikleri yerde kralın resimlerini kayalara işler ve krala diğer işlerinde yardım ederdi. Çiviyazılı metinlerden III. Hatuşili'nin firavunun gönderdiği doktorlara karşılık, en iyi taş ustalarını Mısır'a gönderdiği bilinir. Taş ustaları uluslararası ilişkilerde de kullanılırdı ve diğer ülkelerde gördüklerini Hitit sanatına da aktarmışlardır.

Zincirlihöyük'te bulunan kapı aslanı bugün Eski Şark Eserleri Müzesi'nin girişini korumaktadır. İAMEŞEM

Taş ustaları mimarların sağ koluydu. Zor ve komplike yapıların inşaatında taş ustaları çıraklara taşları çok dikkatlice kırmalarını öğretirlerdi ve hatta duvar veya kapı girişleri yapıldığında, inşaat yerinde taşları birbirlerine uydurmak için bizzat kendileri orada çalışırlardı. Çeşitli tokmak, çekiç ve keskilerin yardımıyla taşlara kral tarafından istenen desenleri veya şekilleri işlerlerdi. Bu yüzden Hitit kentlerini gezdiğinizde duvarlarda, heykellerde, girişlerde aynı stil dikkatinizi çekecektir. İlk önce taşlar taş ocağında kırılırdı veya inşaat yapılacak yerde kullanabilecek taş varsa, istenilen şekle getirilirdi. Taş kırma işi genelde kölelere yaptırılırdı. Bu hiç de kolay bir iş değildi, ayrıca teknik bilgi gerektiriyordu, çünkü taşları kayalardan ayırırken düzgün kırmak ustalık gerektirirdi. Taşlar kırıldıktan sonra çıraklar tarafından istenilen şekle kabaca getirilir ve inşaat alanına götürülürdü. Taşlar orada tekrar işlenip gerekli olan şekle sokulur ve duvardaki yerine oturtulurdu.

Yerkapı'nın dış tarafından Yerkapı'ya çıkışı ve inişi kolaylaştıran merdivenlerden bir zamanlar tehlike anlarında veya savaş zamanlarında yüzlerce asker koşa koşa inip çıkmıştır ve kentlerini müdafaa etmiştir. Ustaca işlenmiş dikdörtgen taşlardan oluşan merdiven günümüze kadar korunmuştur.

Kral Kapısı'na dış tarafından baktığımızda bir zamanlar girişin nasıl inşaa edildiğini görebilirsiniz. Tepesindeki taşlar eksik olsa dahi girişin bir zamanlar bir kemer oluşturduğu açıktır. Gördüğünüz o büyük ve ağır taşlar birbirlerine bakır takozlarla bağlı idi. Bu şekilde taşların düşmesi önlenirdi ve yapı çok sağlamlaştırılırdı. Bugün taşlar eksik olsa dahi Hititler döneminde taş duvarlar insan boyundan çok daha yüksekti ve surlara ve kentin girişlerine bir ihtişam katıyordu. Kral atın üstünde şehrin içinden gelir ve bu kapıdan geçerek yolculuklarına çıkardı. Girişin kapıları ise ahşaptandı ve hem kapının dışında hem de şehrin iç tarafında bulunurdu.

Yerkapı adını altından geçen poternden (tünel) almıştır. Piramide benzeyen bir yapısı vardır ve büyük ustalıkla yapılmıştır.

Hitit taş ustaları çok meşhurdu ve kendilerine has bir stilleri vardı. Taşları yapboz gibi otururlar ve bu şekilde duvarlara ayrı bir sağlamlık katarlardı

HATTUŞA HABER

BÜYÜK KRALIMIZ YAZICISINA TARİH YAZDIRIYOR!

Büyük kralımız yine savaşlarda ülkemizin güçlü ordusunun yardımıyla galip geldi. Bu zaferlerin ebedileşmesi için yazıcısına her kente gönderilmek üzere savaşları nasıl yönettiğini ve tanrıların ona nasıl yardım ettiğini yazdırdı.

KUYUMCULUK

Eğe, testere ve mum gereklidir.

Mum testere ile kesilir.

Eğe ile istenilen şekle getirilir.

Çiçek istenilen şekle gelene kadar tekrar eğelenir.

Dökümcü altının veya gümüşün ayarını belirler.

Gümüş eritilir ve katılaşmaması için sürekli karıştırılır. Eritilmiş gümüş bir kalıbın içinde bulunan mum çiçeğin üzerine dökülür ve eşit şekilde yayılması için sürekli döndürülür.

Bugünkü kuyumcular Hititlerin kullandığı teknikleri hala sürdürmektedir. Farklı olan tek tük elektrikli aletlerin eklenmesidir.

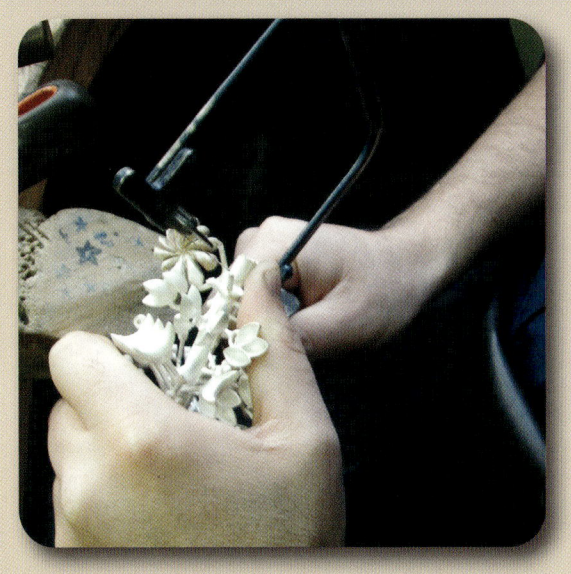

Kalıptan çıkan çiçeğimiz kesilerek diğer gümüş parçalarından ayrılır.

Gümüş çiçeğimiz işlenmeye hazırdır.

Çiçeğimiz tekrar eğelenir.

Fırça ile parlatılır.

Çiçeğe kaynakla ince bir iğne takılır.

Çiçek broşumuz hazır!

IX. Bölüm
GÜNÜMÜZE KALANLAR

YESEMEK TAŞOCAĞI Açık Hava Müzesi

Hititler taşı işlemeyi çok iyi bilirdi ve kentlerine yakın taşocaklarını işletirlerdi. Ağır işleri genelde savaş esirlerine yaptırırlardı, ince işleri zanaatkar taş ustaları yapardı. Yesemek Taşocağı, Gaziantep'in Islahiye ilçesinin 20 km güneydoğusundadır ve M.Ö. 1. binin başlarına aittir; Ortadoğu'nun şimdiye kadar bulunmuş en büyük taşocağıdır. 1890'da Zincirli'de ve bu civarda araştırma yapan Felix von Luschan isimli Alman bilim adamı tarafından keşfedilmiştir. 70 sene sonra yapılan kazılarda tanrılarla, savaş arabalarıyla, hayvanlarla işlenmiş taş levhalar ve 300'e yakın aslan ve sfenks heykel taslağı bulunmuştur. Atölye M.Ö. 950-850'ye kadar kullanılmıştır; kabartma ve heykelleri çevresinde bulunan Hitit kentlerine at arabaları üzerinde taşınırdı. Levhalar veya heykeller duracakları yerlere konurdu ve ustalar resimlere ince detayları orada işlerdi.

Faruk Akbaş

KAYA KABARTMALARI ve GÖLETLER

Kaya ve su, özellikle de ikisinin birleşimi Hititler için çok kutsaldı. Hitit kralları kendilerini ülkelerinin en ücra köşelerinde dahi ebedileştirmek için kayalara kendi resimlerini, isimlerini, ayinlerini işletirlerdi, bazıları da sadece bir kitabe yazdırırlardı. Bu şekilde burada yaşayan halk, krallarının yakında olduğunu ve ülkesini sürekli denetlediğini görürdü.

EFLATUNPINAR

İngiliz gezgin Hamilton Konya'daki Beyşehir gölünün etrafını araştırırken bir göletin yanındaki Eflatunpınar anıtını bulur. Doğal kaynakların suyu ile dolan göletin kenarındaki anıt 1999'a kadar araştırılmamıştır. Arkeologlar göletin sularını dışarı pompalayarak, anıtın gerçek boyutlarını ve heykelleri meydana çıkarabilmiştir. Sular alçalınca göletin iç taraflarının güzel işlenmiş taşlarla kaplı olduğu da meydana çıkmıştır. 6 metre yüksekliğinde ve 7 metre genişliğindeki anıt, dağ tanrılarını ve güneş tanrıçasını betimlemektedir. Alt sırada bulunan dağ tanrılarının karınlarında birer delik bulunur; bu delikler anıtın arkasında bir su kanalına bağlıydı, buradan zamanında su gelip deliklerden gölete fışkırırdı. Muhtemelen M.Ö. 14. veya 13. yüzyılda yapılan bu anıt Hitit dünyasının önemli su kaynaklarından biriydi.

FIRAKTIN

İç Anadolu'nun dağlık yöresinde, Erciyes'e yakın bir yerde Fıraktın'da Hitit kralı III. Hattuşili ve Kizzuvatnalı eşi Puduhepat kendilerini bir kayada ebedileştirmiştir. Erciyes Dağı tanrılaştırılmıştı ve Hititler ona "karla örtülü beyaz dağ" derlerdi. İşte burada Hitit kralı ve eşi kendilerini dini görevlerini yerine getirirken betimletmişlerdir. Puduhepat bir tanrıça karşısında libasyon yapar, Hattuşili ise bir tanrı karşısında bir sürahiden yere sıvı döker.

FASILLAR

Beyşehir'in 20 km doğusunda Fasıllar köyü bulunur. Eski Anadolu köy mimarisinin güzel örnekleri yanında burada 7,3 m boyunda bir Hitit heykeli bulunmuştur. Köyün hemen üst tarafında otların arasında bulunan heykelin Eflatunpınar'daki anıtın üst tarafına ait olduğuna inanan birçok bilim adamı vardır. Yüz hatları henüz işlenmemiş çehrelerden bu heykelin daha bitmemiş olduğu anlaşılmaktadır. Bu anıtın bir kopyası Ankara Anadolu Medeniyetleri Müzesi'nin bahçesinde durmaktadır.

Fasıllar anıtının orijinali

Fasıllar anıtının Ankara Anadolu Medeniyetleri Müzesi'nde bulunan kopyası

SİRKELİ

Çukurova'ya hayat veren ve Adana'nın sembolü haline gelmiş Ceyhan nehrinin kenarında 1934'te bir kaya kabartması keşfedilmiştir. Yanında Luvi hiyeroglifleriyle yazılmış kısa bir yazıt bulunur: *Muvatalli Büyük Kral. Kahraman, Kral Murşili'nin oğlu*. Bu yazıttan, kabartmada betimlenen yuvarlak takkeli, uzun pelerin giymiş ve elinde asa tutan kişinin Hitit kralı II. Muvatalli (M.Ö. 1290-M.Ö. 1272) olduğu anlaşılmaktadır. Kral Muvatalli M.Ö. 75'te Kadeş'te II. Ramses ile savaşmış önemli bir kraldır.

İvriz kaya kabartması

Faruk Akbaş

İVRİZ

İvriz kabartmasını 17. yüzyılda gezgin Evliya Çelebi keşfeder. Konya'nın Ereğli ilçesine 12 km uzaklıktaki kaya kabartması, Hitit kabartma sanatının en ihtişamlı örneğidir. M.Ö. 8. yüzyılın ortalarına tarihlenen kabartma Geç Hitit dönemi krallarından Varpalavas ile bereket ve hava tanrısı Tarhu'yu göstermektedir. 6,08 m uzunluğundaki bu kabartmanın bir mulajı İstanbul Eski Şark Eserleri Müzesi'nde bulunmaktadır. Hem kral hem tanrı Hitit geleneğine uygun sivri uçlu ayakkabı giymektedirler.

HİTİT KABARTMA SANATI

Hititler kabartma sanatını sıkça kullanırlardı. Bu sanatı betimledikleri sahnelere veya insanlara canlılık kattığı için severlerdi. Hitit kentlerini, kaya kabartmalarını veya Hitit eserlerini sergileyen müzeleri gezdiğiniz zaman seramik, taş veya kaya üzerinde biraz kabarık şekiller görürseniz bunlar kabartmadır. Kabartmaları Hitit ustaları kayaların üzerine yanlarında bulunan aletlerle işleyebilirlerdi. Hitit sanatının en güzel kaya kabartmalarından biri Boğazkale'nin çok yakınında bulunan Yazılıkaya'dır. Taşların üzerinde yazılar ve resimler olduğu için köylüler bugünkü ismini Yazılıkaya koymuşlar.

Tanrıça Kubaba'nın kabartması Kargamış'ta bulunmuştur.
AMMRK

Bu kabartmanın adı "12 Yeraltı Tanrısı"dır. Peşpeşe yürüyen sakallı, sivri uçlu şapka takmış ve kısa etek giymiş tanrıların toplam sayısı 12'dir. Sağ ellerinde kılıç tutmaktadırlar. Şapkalarının önündeki boynuz tanrı olduklarını işaret etmektedir. 12 tanrı kabartması Yazılıkaya'da hem A hem de B odasında bulunur.

Ç. M.

Kargamış'ta bulunan kabartmalı ortostat, insan ve aslan başlı bir sfenksi betimlemektedir (M.Ö. 9. yüzyıl). Bu kabartmalı ortostat, başka ortostatlarla beraber Kargamış'ta arkeologların "Haberciler Duvarı" adını verdiği duvarda dururdu. AMMRK

Yazılıkaya'nın A odasına girdiğinizde karşınıza bu sahne çıkar. Dağ tanrıları üzerinde duran hava ve fırtına tanrısı Teşup eşi Hepat ile karşılaşmaktadır. Ç. M.

Bu küçük taş kabartma Çorum'un bir köyü olan Yeniköy'de bulunmuştur. Sivri pabuçlu ve kısa etekli bir tanrı, geyiğin sırtında durmaktadır. Sağ elinin ucunda kanatlarını açmış bir kuş, diğerinde de asası vardır. Sivri uçlu şapkasının önünde tanrılık işareti olan boynuz görülmektedir. AMMRK

X. Bölüm
HİTİT TOPLUMU

Hitit toplumunun başında kral ve kraliçe gelirdi. Prensler, prensesler, yüksek rütbeli memurlar, hür, yarı hür insanlar ve köleler toplumun diğer fertleriydi.

KRAL

Krallık babadan oğula verasetle geçmektedir. Eğer bir kralın oğlu yok ise, evlat edindiği biri ya da prenseslerin eşinden biri de varis olabilirdi. Kral ayrıca başkomutandı, başrahipti ve hava ve fırtına tanrısının yeryüzündeki temsilcisiydi. Hattuşa'daki Kral Kapısı'ndaki kabartma kralın üç görevini de göstermektedir: asker, din hava ve fırtına tanrısının temsilcisi, ve kral. Hititçede Tabarna "egemen kral" anlamına gelirdi. Hitit tarihine baktığımızda tüm kralların veraset yoluyla kral olmadıkları görülmektedir.

Yazılıkaya'da Kral IV. Tudhaliya kabartması. Sağ elinin üzerinde Luvi hiyeroglifleriyle yazılmış kartuşu bulunmaktadır.

Ç. M.

Zincirli'de bulunan bu kabartmada saray memurları peşpeşe yürümektedir. İAMEŞEM

PRENSLER

Genç yaşta asker olarak eğitim görüyor, babalarının ve komutanlarının yanında seferlere katılıyorlardı. Ayrıca devlet idaresini de öğreniyorlardı. Güvenilir olanlar vali ya da bazıları tanrılardan birine başrahip yapılırdı.

PRENSESLER

Diğer devletlerle olan politik bağlılıkları güçlendirmek için prensesler genelde başka devletlerin krallarıyla evlendirilirdi. Bu şekilde başka ülkelerle dostluk ve barış sağlanırdı.

MEMURLAR

Memurlar devlet hizmetinde çalışmaktaydı. Boğazköy ve Ortaköy'de bulunan tabletlerde yüzlerce memurun adı geçer, bunlar bize memurların çeşitli meslekleri ve görevleri hakkında bilgi verir. Erkek ve kadın doktorlar, depo memuru, akrobat, cambaz, rahip ve rahibe, şarkıcı ve müzisyen, at terbiyecisi, general, subay, asker, sınır muhafızı, dokumacı, örgücü, seramikçi, mühür kazıyıcı, inşaat ustası, mimar, duvar ustası, büyücü, araba sürücüsü, dansöz, boksör, bira üreticisi, arıcı, çoban, bahçıvan, kuş falcısı, ağıt yakanlar, muhtar ve polis çeşitli memuriyetler arasında sayılabilir.

KRALİÇE

Hitit kraliçesine egemen kraliçe anlamına gelen Tavanna denirdi. Devlet idaresine ve kralın yanında dini törenlere katılırdı. Kral Hattuşili'nin eşi Puduhepat'ın yaşamı çok ilginçtir. Kendisi aslen Kizzuvatna yöresinden bir rahibin kızıydı ve aslında Hurri kökenliydi, Hitit değildi. Ayrıca Hitit kraliçeleri arasındaki tek rahip kızıydı. Puduhepat bugün Kilikya bölgesi ile eşleştirilen Kizzuvatna'nın Lavazantiya kentinde dünyaya gelmişti. Babası Pentipşarri, Babil-Hurri kökenli aşk ve savaş tanrıçası Şauşga'nın rahipliğini yapardı, Puduhepat ise babasının rahiplik yaptığı tapınakta çalışırdı. Hitit sanatında kraliçelere pek yer verilmese de Puduhepat Fıraktın'da bir kaya kabartmasında karşımıza çıkar. Ayrıca resmini ve ismini taşıyan mührü de vardı. Kraliçelerin siyasi güçleri çok fazlaydı. Bir kral öldükten sonra yerine geçen kralın yanında yine ölen kralın eşi kraliçe olarak kalırdı. Bu durum Hitit sarayında sıkça problem yaratırdı, hatta bazı krallar ana kraliçeden kurtulmak için değişik yollar denemişler, ama tanrıların öcünden korkmuşlardı.

XI. BÖLÜM HUKUK VE KANUNLAR

Örf ve adetler Hititler için çok önemliydi, bu yüzden örf ve adetleri yazılı hale getirip kanunları oluşturmuşlardır. Kanunlar ayrıca insanların arasındaki anlaşmazlık ve çatışmaları önlemek ve çözmek için yazılmıştır. Bunların en ünlülerinden biri Mezopotamya'nın güneyinde Babil kentinde yaşayan Amurrulu Kral Hammurabi'nin büyük siyah bir taşa yazdırdığı kanunlardır. Hitit kanunları hakkındaki bilgilerimiz çiviyazılı tabletlerdendir, bunlar iki seri halindedir ve toplam 200 maddeden oluşmaktadır. Haklarını arayanlar bu maddelere başvurarak bir çözüm bulurlardı. Kral mahkemesinin kararına karşı koyanlar ölümle cezalandırılırdı.

Hitit Kanunlarından Örnekler:

❋ "Eğer bir kişi aletler bulur ve onları sahibine geri verirse; o, ilgili kişiye bahşiş verir. Ama geri vermezse, hırsızlık etmiş sayılır.

❋ "Eğer bir kişi ateş yakarsa ve ateş üzümlü bağın içine sıçrar ve asmaları, elmaları, dağ elmalarını veya muşmulaları yakarsa, suçlu ağaç başına 6 sekel gümüş verir. Ağaçları yerine diker. Eğer suçlu bir köleyse, 3 şekel gümüş verir."

❋ "Eğer biri bir tüccarı öldürürse, 100 mina gümüş öder ve onun evine bakar." 100 mina gümüş 400 sığır veya 4000 koyun eder.

ULUSLARARASI DİPLOMASİ

Başka devletlerle diplomatik ilişkileri dengede tutmak sanıldığı kadar kolay değildir. Hititlerin görüşüne göre eşit, dost ve düşman devletler vardı. Düşman devletlerle savaşılırdı ve kralın görevlerinden biri bu dengeyi sağlamaktı. Elçilerle hediyeler göndermek, tahta çıkışları anında kutlamak, karşılıklı evlilikler ayarlamak yoluyla ilişkiler iyileştirilmeye çalışılıyordu. Buna örnek olarak bir Hitit prensesinin Mısır firavununun oğluyla evlendirilmesi gösterilebilir. Diplomatik haberleşmeler hep yazılı yapılırdı ve elçiler tarafından götürülüp getirilirdi. Ayrıca Hitit devletinin egemenliği altında olan devletler vardı. Bunlar dış politikalarında Hitit devletine bağlıydı; içişlerinde özgürlükler tanınırdı, ama Hitit kralına vergi öderlerdi.

XII. BÖLÜM
HİTİT ORDUSU

Hitit kralı Hitit ordusunun başkomutanı, generalidir. Hattuşa'da Kral Kapısı'ndaki kral kabartması onu miğfer takan komutan olarak göstermektedir. Kralın dini görevleri olduğu zamanlarda ve savaşlara katılamadığı dönemlerde oğulları veya yüksek rütbeli komutanları ordunun idaresini devralırdı. Askerler kısa etekler ve ucu kıvrık çarıklar giyerdi, bunlarla hızlı koşmaları desteklenirdi. Hitit ordusu güçlü, yüzlerce savaş arabasına sahip, deneyimli okçular ve piyadelerden oluşurdu. Askerleri gösteren kabartmalar çoğunlukla Geç Hitit dönemine aittir. Bunlardan savaş arabalarının şekli, askerlerin kıyafetleri, silahları hakkında bilgi edinebiliriz. Piyadeler uzun veya kısa etek giyerlerdi, ellerinde mızrak, başlarında miğfer bulunurdu. Savaş arabalarında iki asker dururdu, bunların biri arabayı sürer, diğeri de yay ve okla düşmanı hedef alırdı. Arabaların arkasına bir de kalkan asılırdı, bunların ortası da, güç ve krallığın sembolü olan aslan başı ile süslüydü.

Savaş arabaları Hitit ordusunu çok güçlü yapardı. Okçu hedefini daha iyi vurmak için ayakta durmaktadır. Bu kabartma Zincirli'de İçkale'nin güney kapısında bulunmuştur ve Geç Hitit dönemi sanatının en seçkin örneklerinden biridir. İAMEŞEM

KADEŞ SAVAŞI: Ebedi Barışın ve Ebedi Kardeşliğin Antlaşması

İstanbul'da Eski Şark Eserleri Müzesi'nde ünlü Kadeş antlaşmasının yazılı olduğu kil tabletin bir parçası bulunmaktadır. İAMEŞEM

Suriye'ye egemen olan ve oradaki krallıklardan vergi alan Hititler, Mısırlılarla sınır çatışmasına girerler. Mısırlılar Amurruları kendi taraflarına çekmeye çalışırlar, Hitit kralı II. Muvatalli tehlikeyi sezer ve hemen harekete geçer. Uzun süren çekişmelerin sonunda savaş başlar. M.Ö. 1275'te Hitit kralı II. Muvatalli ve Mısır kralı II. Ramses, Kadeş kenti önlerinde ordularıyla karşı karşıya gelirler. Binlerce asker çatışır, Hititler galip çıkarlar ve Kadeş onların egemenliği altında kalır. Mısırlılar ise Hititlerin gücünü tanımak zorunda kalırlar. Uzun süren diplomatik görüşmelerden sonra barış antlaşması Hitit kralı III. Hattuşili ve II. Ramses arasında M.Ö. 1259'da imzalanır. Antlaşma ebedi kardeşliğin ve ebedi barışın antlaşmasıdır. Bu antlaşmanın bir kopyası New York Birleşmiş Milletler binasında dünyada yapılan ilk barış antlaşmalarından bir örnek olarak sergilenmektedir. Tabletin orijinali Hattuşa'da bulunmuştur. Kadeş savaşını betimleyen büyük bir kabartma Mısır'daki Karnak'ta II. Ramses'in tapınağında görülebilir.

HİTİTLER KENDİLERİNİ DÜŞMANLARDAN NASIL KORURDU?

Güçlü bir devletin ve başarılı, güçlü bir kralın her zaman düşmanı ve sevmeyeni çok olur. Bu yüzden Hititler kendilerini düşmanlardan veya casuslardan korumak için çeşitli yöntemler uygulardı. Tanrılara sürekli ayinler yaparak, kurbanlar sunarak, onların gücü ve desteği için dua ederlerdi. Başka bir yöntem ise, komşu ülkelerle olan hudutlara gözlemci kuleleri dikmek ve hudutlardaki toprakları her akşam süpürmekti. Ertesi sabah hudut memurları bu süpürülmüş topraklarda ayak izleri bulurlarsa, düşmanın Hitit ülkesine ayak bastığını anlar ve onları hemen takibe alırlardı.

Kalın surlar tarafından korunan kentlerin kapıları her akşam içeriden sürgülenir ve belediye başkanı tarafından mühürlenirdi. Sabah kapılar ancak mühür baskıları kırılmamışsa açılırdı.

Bazı büyük kil çömleklerin tepeleri, Boğazkale'de bulunan bu kule parçası gibi kent surlarını ve kulelerini betimleyen şekillerle süslenirdi. AMMRK

87

XIII. BÖLÜM
HİTİT ESERLERİNİ NEREDE GÖREBİLİRİM?

Türkiye'nin ve dünyanın önemli müzelerinde Hititlere ait eserler sergilenir. Bunların birkaçı aşağıda alfabetik sırada tanıtılmaktadır.

ADANA MÜZESİ

Adana Arkeoloji Müzesi, Türkiye'nin en eski arkeoloji müzelerinden biridir. Cumhuriyetin ilanından hemen sonra 1924'te kurulan müzede Çukurova'da yaşamış medeniyetlerin eserleri sergilenir. Burada Hititlere ait heykelcikler, kabartmalar ve taş heykeller görülebilir. Tarsus'ta bulunan ve dağ kristalinden yapılmış bir heykelcik en güzel eserlerden biridir. Karatepe-Arslantaş Açık Hava Müzesi de Adana Müzesi'ne bağlıdır. Burada Azativataya kentinin kabartmaları ve heykelleri görülebilir.

Ç. M.

AMASYA MÜZESİ

Sultan II. Bayezid Külliyesi'nde 1925'te ilk küçük arkeoloji koleksiyonu oluşturulmuş ve külliyede saklanmıştır. Zaman içinde artan eserler yeni bir binanın yapımını gerektirmiş ve 1977'de bütün eserler yeni yapılan müzeye taşınmıştır. Amasya Müzesi'nde tarihöncesinden Osmanlı dönemine kadar birçok eser sergilenir. Burada Hitit dönemine ait önemli heykel, mühür ve seramikler vardır.

ANKARA ANADOLU MEDENİYETLERİ MÜZESİ

Anadolu Medeniyetleri Müzesi, Ankara Kalesi'nin içinde bulunur. Fatih Sultan Mehmet devrine ait Mahmut Paşa Bedesteni ve Kurşunlu Han'ın içinde Anadolu medeniyetlerinin en güzel eserleri sergilenmektedir. Ankara'da ilk müze 1921'de kalenin Akkale burcunda kurulmuştur. Burada Augustus Tapınağı'ndan ve Roma Hamamı'ndan toplanmış eserler sergilenmekteydi. Atatürk'ün bir "Eti Müzesi" kurma fikri üzerine Anadolu'nun çeşitli yerlerinde bulunan Hitit eserleri Ankara'ya gönderilmeye başlandı. Müzenin bir kısmı 1943'te ziyarete açılmış, müze son haline 1968'de kavuşmuş ve 1997'de Avrupa'nın en iyi müzesi seçilmiştir. Hitit eserleri yanında, Anadolu'nun Paleolitik Çağ'dan Roma dönemine kadar olan dönemlerinden zengin eserler sergilenir. Müzenin bahçesinde Hitit dönemine ait Fıraktın'da bulunmuş 7,3 m boyundaki heykelin bir kopyası da sergilenmektedir.

Ç. M.

BERLİN BERGAMA MÜZESİ

Almanya'nın başkentinde bulunan müze, ismini Bergama (Pergamon) kentinden almıştır. Osmanlı döneminde Osmanlı topraklarında yapılmış kazılardan edinilen eserler arasında, Eski Şark Eserleri bölümünde Hitit seramikleri, Geç Hitit dönemine ait kabartmalar, mühürler, çiviyazılı tabletler ve maden aletler sergilenir. Şarkışla baltası olarak bilinen bakır bir balta Hitit sanatının seçkin örneklerinden biridir.

ÇORUM MÜZESİ

Çorum civarındaki Hitit buluntularının artması ile Çorum'da ilk müze çalışmalarına 1937'de başlanmış, ancak müze 1968'de açılmıştır. Tarihöncesi çağlardan Osmanlı dönemine kadar eserler burada sergilenir. Çorum Müzesi'ne bağlı Alacahöyük ve Boğazköy müzeleri bulunur, bunlarda yerel kazılarda bulunan eserler ve etnografik özelliğe sahip eserler sergilenmektedir. 2000 yılında müze, eski Makine Meslek Yüksek Okulu olarak bilinen, 1914'te yapılmış ve restore edilmiş hastaneye taşınmış ve Türkiye'nin en güzel müzelerinden biri olmuştur. Burada Alacahöyük, Boğazköy, Ortaköy, Maşathöyük, Eskiyapar, Hüseyindede ve daha birçok Hitit kentine ait değerli eserler sergilenir.

Çorum Müzesi — Ç. M.

Boğazkale Müzesi
(Çorum Müzesi arşivi)

GAZİANTEP MÜZESİ

Gaziantep'te Geç Hitit dönemine ait kentlerin eserleri sergilenmektedir. 1944 senesinde bazı eserlerin bir araya getirilmesiyle açılan müze bugün tarihöncesinden Osmanlı dönemine kadar olan tüm eserleriyle Türkiye'nin en önemli müzelerinden biridir. Gaziantep'in güneyinde bulunan Hitit dönemine ait Yesemek Taşocağı da müzeye bağlı açık hava müzesidir.

HALEP ARKEOLOJİ MÜZESİ

Suriye'nin kuzeyinde bulunan Halep kentindeki Arkeoloji Müzesi, Suriye'de yaşamış medeniyetlerin eserlerini ve özellikle Geç Hitit dönemine ait önemli eserleri sergilemektedir. Tell Halaf, Ain Dara ve Halep Kalesi'nde bulunan Hitit eserleri burada bulunmaktadır.

İSTANBUL ARKEOLOJİ MÜZELERİ VE ESKİ ŞARK ESERLERİ MÜZESİ

Eski Şark Eserleri Müzesi, İstanbul Arkeoloji Müzeleri'nin bir bölümüdür ve 1917'de açılmıştır. Burada Mısır, Mezopotamya, Arap Yarımadası'ndan ve Hititlere ait eserler sergilenir. Boğazköy ve Zincirli kazıları başladığında sadece İstanbul'da bir müze olduğundan eserler buraya getirilmiştir. Hitit eserleri arasından çok önemli parçalar burada sergilenir. Boğazköy Yerkapı'nın sfenkslerinden biri, Kadeş Antlaşması, Zincirli ve Sakçegözü kabartmaları, İvriz kabartmasının bir kopyası, seramikler, bakır aletler ve daha birçok eser bulunmaktadır. Zincirli'den iki aslan Eski Şark Eserleri Müzesi'nin girişini korumaktadır. İstanbul Arkeoloji Müzeleri'nin ikinci katında Hititlere ait seramikler ve küçük buluntular da sergilenmektedir.

KAYSERİ MÜZESİ

Kayseri Müzesi'nde Kültepe Karum Kaneş'te bulunan eserler sergilenmektedir. 1969'da ziyarete açılan müzede Hitit ve Geç Hitit dönemine ait eserler de sergilenir.

NEW YORK METROPOLITAN MÜZESİ

Metropolitan Müzesi bugün dünyanın en önemli müzelerinden biridir. Sadece arkeoloji koleksiyonları ile değil, dünyanın dört yanından topladığı eserler, resim koleksiyonları ve her sene açtığı sergilerle dillere destandır. Müze 1870'te açılmış ve koleksiyonlar büyüdükçe ek binalar yapılmıştır. Hititlere ait eserler Eski Şark Eserleri bölümünde sergilenir. Gümüşten geyik başlı ve desenli bir kap ve altın güneş tanrıça heykelcikleri Hitit sanatının en güzel örneklerindendir.

TARİHİ ESERLERİ KORUMAK!

HAYIR yapmaaaa...... yazmaaaa....

Tarihi eserlerin korunmasının, özellikle ülkemizde ne kadar önemli olduğunu gördünüz. Bu eserler bir ülkenin hazinesidir ve geçmişini anlatır. Mirasınızı korumayı, sizden sonra gelecek nesillerin de sizin gördüklerinizi görmelerini istiyorsanız, tarihi eserleri ve yapıları korumanız gerekir. Onlara zarar vermek isteyenleri ikaz etmeli ve ülkemizdeki eserlere sahip çıkmalısınız!

Gittiğiniz her yerde müzeleri ve tarihi yerleri gezin ve ülkemizin topraklarında yaşamış değişik kültürlerin izlerini takip edin. Etrafınızdaki insanları bilgilendirmeye çalışın!

Tarihi yapılara isimlerini kazıyan ya da onlara zarar verenleri, izinsiz taş çıkartanları, etrafa çöp atanları, tarihi eserleri çalanları, yerden aldığı seramik parçası, mühür, sikke veya başka tarihi bir eseri cebine koyanları uyarın!

Mini Sözlük

❦ **Aramiler:** Suriye ve Kuzey Mezopotamya'da M.Ö. 1. binden itibaren yaşamışlardır.

❦ **Asurlular (M.Ö. 2400-612):** Mezopotamya'nın kuzeyinde yaşamış önemli bir medeniyettir. Özellikle Karum Kaneş ile yaptıkları ticaret sayesinde zenginleşmişlerdir.

❦ **Babil:** Babil Mezopotamya'nın güneyinde bulunan önemli bir kentti.

❦ **Bakır:** Bakır Tunç Çağı'nda çok sevilen ve sıkça kullanılan bir metaldir. Tunç, bakır ve kalayın alaşımından oluşur.

❦ **Bazalt:** Volkanik bir taştır ve işlenmesi kolaydır; koyu gri renklidir.

❦ **Boğazkale:** Boğazköy

❦ **Çatalhöyük:** Neolitik döneme ait önemli bir yerleşimdir. Konya'nın Çumra köyünde bulunur ve o dönemdeki mimari, yaşam ve inanışlar hakkında önemli bilgiler verir.

❦ **Çiviyazısı:** İlk defa Sümerler tarafından kullanılan çiviyazısı Hititler tarafından da kullanılmıştır. Harfleri çiviye benzediğinden dolayı çiviyazısı denmiştir.

❦ **Diorit:** Volkanik, değerli, çok sert siyah bir taştır. Örneğin Hammurabi'nin kanunları bu taşa işlenmiştir.

❦ **Fenikeliler:** Doğu Akdeniz sahillerinde yaşamış bir medeniyettir ve özellikle ticaret konusunda uzmanlaşmıştır. Akdeniz sahilleri boyunca birçok kolonileri vardı.

❦ **Fenikece:** Sami kökenli bir dildir.

❦ **Fildişi:** Filin uzun ön dişleri binlerce senedir sevilen, değerli bir malzemedir. Ticaret yoluyla Mısır'dan getirtilirdi. Hititler fildişinden heykel, kap veya mobilya parçaları üretirlerdi.

❦ **Hiyeroglif:** Resimli yazıya hiyeroglif denir. Mısırlılar tarafından kullanılan, Luviler ve Hititler tarafından da sık sık kullanılan bir yazı türüydü.

❦ **İncil:** Hıristiyanların kutsal kitabı.

❦ **İştar:** Mezopotamya medeniyetlerine ait bir tanrıçadır. Babillilerin ve Asurluların aşk ve bereket tanrıçasıdır. Bazen sevgililerini kötü bir kadere gönderir.

❦ **Halep:** Suriye'nin kuzeyinde bulunan bir kenttir.

❦ **Hammurabi:** Hammurabi Babil kralıdır (M.Ö. 1792 ve 1750 yılları arasında hüküm sürmüştür) ve yazdırdığı kanunlar ile ünlüdür. 282 bölümden ve 3500 satırdan oluşan kanunlar aile hukuku, ticaret, mülkiyet hukuku, hırsızlık, insan ilişkileri, köle düzenlemeleri ve fiyatlar gibi konuları içerir.

❦ **Hurriler:** Çoğunlukla Kuzey Mezopotamya'da yaşamış bir medeniyettir.

❦ **Höyük:** Çeşitli medeniyetlerin kalıntılarının üst üste gelmesinden oluşan yapay bir tepedir.

❦ **Kabartma:** Taşın veya kilin üzerine yapılmış az kabarık şekiller.

❦ **Kartuş:** Büyük Hitit kralları isimlerini çoğunlukla Luvi hiyeroglifleriyle yazarlardı. İmzalarını bu şekilde yazdıklarında buna kartuş (mühür) denilir. Yazılıkaya'daki kabartmalarda bunların örneklerine rastlanır.

❦ **Karum:** Karum Akkadca bir kelime olup, aslında liman anlamına gelir. Karum Kaneş'teki anlamı ticaret kentidir.

❦ **Kaşkalılar:** Hititlerin düşmanlarından biridir. Ülkenin kuzeyinde yaşayan ve Hitit kentlerini bozguna uğratan bir kavimdir.

❃ **Kerpiç:** Kerpiç yapmak için nehirlerin kıyılarında oluşan killi toprak, su ve saman veya küçük taşlarla karıştırılır. Kalıptan çıkarıldıktan sonra kerpiçlerin ilk önce bir yüzü güneşte kurur, sonra çevrilir ve diğer yüzü kurur. Sıcak güneşin altında birkaç gün kuruduktan sonra çok sağlam ve sert bir yapı malzemesi haline gelir.

❃ **Kil Tablet:** Yazıcıların ince kamışlarla çiviyazılarını yazdıkları malzeme. Yaş kilden yapılan tabletler mercimek şeklinde, dikdörtgen veya kare şeklinde olabilirdi.

❃ **Libasyon:** Gaga ağızlı sürahinin içinde bulunan sıvıyı dini bir tören esnasında tanrı figürleri önünde yere dökme sahnesi.

❃ **Mezopotamya:** Fırat ve Dicle arasında kalan bölgeye Eski Yunanlılar Mezopotamya demişlerdir. Mezopotamya'nın tercümesi ise "iki nehir arasında kalan bölge"dir.

❃ **Mısır:** Akdeniz'in güneyinde, Afrika kıtasının kuzeydoğusunda bulunan büyük bir ülkedir. Nil nehri binlerce seneden beri tüm ülkeye hayat ve bereket vermektedir. Hititlerin dönem dönem dostu, bazen de düşmanı olmuştur.

❃ **Mitanni Krallığı:** Hurri hanedanlığıdır. Aşağı yukarı M.Ö. 1500-1350 arasında Yakındoğu'nun en güçlü krallıklarından biri olmuştur.

❃ **M.Ö.:** Milattan önce. Sayılar büyükten küçüğe sayılır; örneğin M.Ö. 1240-1200 gibi.

❃ **M.S.:** Milattan sonra demektir. İsa'nın doğumu 0 olarak kabul edilmiştir; M.S. ise 0'dan sonra başlar.

❃ **Ortostat:** Bir nevi kaplama taşı. Kabartmalı, kabartmasız dikdörtgen veya kare şeklinde olup kerpiç duvarlara süs olarak takılırdı. Hititler sarayların, tapınakların ve kent kapılarının girişlerini kabartmalı ortostatlarla süslemeyi çok severlerdi.

❃ **Potern:** Hitit surlarının altından geçen tünellere potern denir. Bunlar hem kente kolay bir geçit sağlardı, hem de savaş ve tehlike anlarında kentin içinden hızla dışarı çıkılmasına imkan verirdi.

❃ **II. Ramses:** Önemli Mısır firavunlarındandır. M.Ö. 1302-1212 yılları arasında yaşamıştır. Hititlerle Kadeş'te savaşmış ve sonrasında ünlü Kadeş Antlaşması'nı imzalamıştır.

❃ **Sfenks:** Kadın yüzlü, kanatlı, aslan gövdeli yaratık.

❃ **Tell:** Arapçada höyük anlamına gelir.

❃ **Tevrat:** Musevilerin kutsal kitabının adı.

Teşekkürler:
Anadolu Medeniyetleri Müzesi,
İstanbul Arkeoloji Müzeleri,
Çorum Müzesi,
Lütfü Özgünaydın, Faruk Akbaş,
Zeynep Kızıltan, Nihal Tırpan,
Önder İpek, Cemal Pulak/INA,
Eva von Dassow, Tunç Sipahi,
Christian Seidel,
Dr. Ateş Velidedeoğlu,
DAI İstanbul, Hans Birk,
Bülent Demir, Sultan Rağbet.

Kısaltmalar:
AMMRK-Anadolu Medeniyetleri Müzesi Rehber Kitabı
İAMEŞEM-İstanbul Arkeoloji Müzeleri Eski Şark Eserleri Müzesi
INA-Institute of Nautical Archaeology
DAI-İstanbul Alman Arkeoloji Enstitüsü

İş Çocuk Kütüphanesi'nden diğer kaynak kitaplar

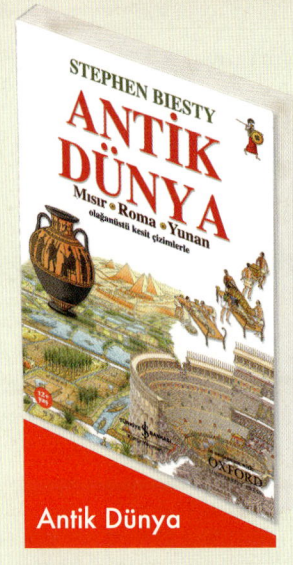

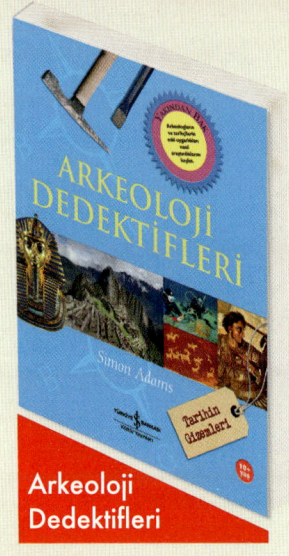

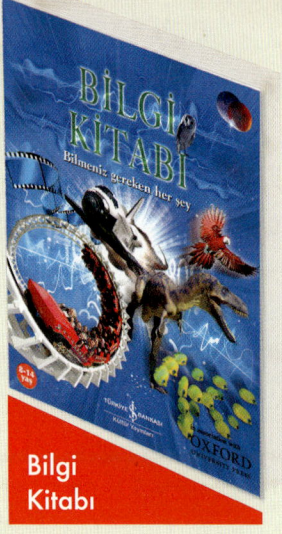

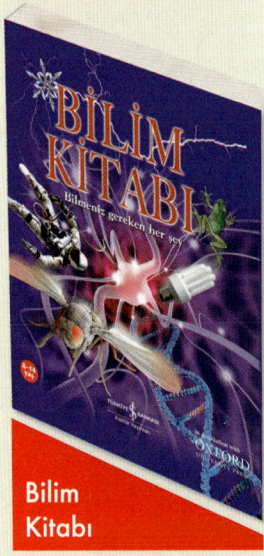

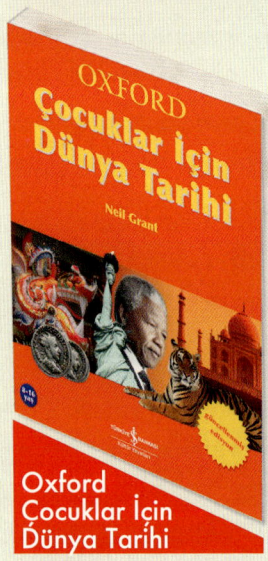

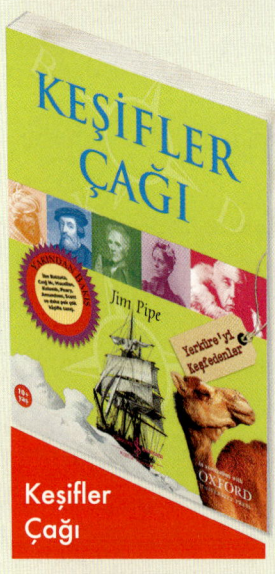

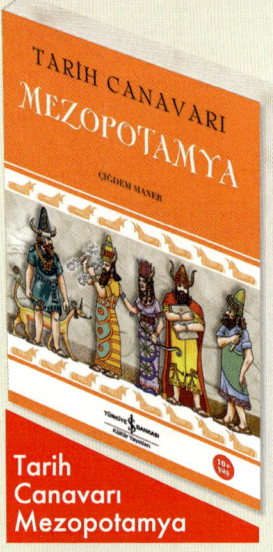

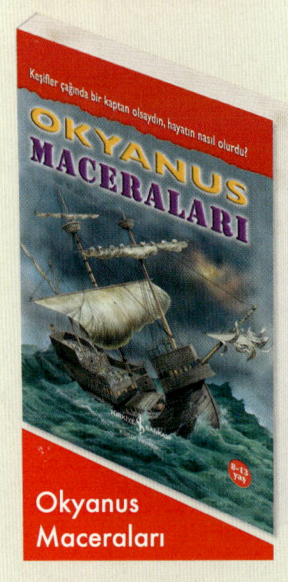

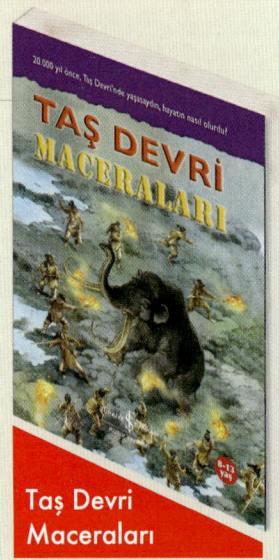

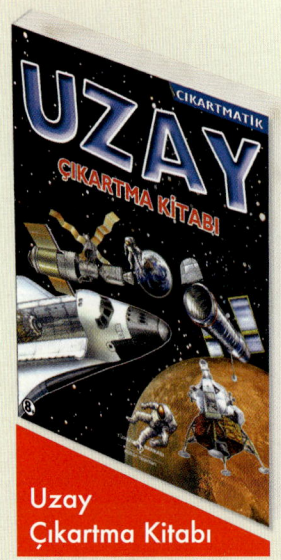

- Antik Dünya
- Arkeoloji Dedektifleri
- Bilgi Kitabı
- Bilim Canavarı Yerküre'nin Tarihi
- Bilim Kitabı
- Oxford Çocuklar İçin Dünya Tarihi
- Keşifler Çağı
- Tarih Canavarı Mezopotamya
- Okyanus Maceraları
- Taş Devri Maceraları
- Ünlü Kişiler Ansiklopedisi
- Uzay Çıkartma Kitabı

Satış Noktaları:
İstanbul-Kadıköy Tel: (0216) 348 97 84, Eminönü (Müze içi) Tel: (0212) 511 13 31, Caddebostan Tel: (0216) 386 65 62,
Ankara Tel: (0312) 430 33 66

TÜRKİYE İŞ BANKASI
Kültür Yayınları